税金下げろ、規制をなくせ

日本経済復活の処方箋

渡瀬裕哉

光文社新書

はじめに

戦後の高度成長を経て、一九八〇年代の日本は世界で最も勢いのある経済大国でした。アメリカの社会学者エズラ・F・ヴォーゲルの『ジャパン・アズ・ナンバーワン』（一九七九年）がベストセラーになった時代です。

しかし、一九九〇年代に入り、バブルが崩壊、経済は停滞し「失われた一〇年」と呼ばれるようになりました。二〇〇〇年に入っても劇的な変化は訪れず、「失われた一〇年」は「失われた二〇年」に置き換わりました。そして、いまだに不況脱出はならず、もはや「失われた三〇年」です。

僕は一九八一年生まれ、バブルが崩壊した頃は十歳前後でした。十歳以前の記憶など曖昧ですから、物心がついてからというもの、日本経済が壊れていく過程しか見ていない世代です。
「真面目に働く人が報われる社会を作りたい、それなら現場でどうすればよいのかを学ぼう」、そのような思いを描いて政治家事務所の門を叩きました。

大学に籍を置きながら、自民党事務所で数年間、ほぼ休むことなく朝から晩まで身を粉にして働きました。その後、与野党の枠を出て選挙戦略の組み立てや首長のマニフェストづくりの仕事に数年間携わりました。こうした一連の活動の中で、事務所に出入りしていた政治家、役人、財界、利益団体、宗教団体、左翼団体、NGOといったさまざまな方や団体とご縁ができました。彼らとの触れ合いの中で得た経験が今の自分の根幹となっています。

しかし、その中で僕は気づきました。現代の日本の政治・経済を悪化させているのが「談合とやらせ」だということに。「談合とやらせ」が何をもたらすか。増税と規制です。

そして、日本が壊れていくのを止める方法は、減税と規制廃止しかないと確信するにいたりました。なぜ減税と規制廃止が日本を救うのか。本書でゆっくりお話ししましょう。

僕がこの本で語ることの骨子は、アメリカの保守派、特に自由な経済を標榜するキーパーソンである全米税制改革協議会議長グローバー・ノーキスト氏の主張に沿ったものです。ノーキスト議長の著作には、減税のバイブルとも言われる“Leave Us Alone”（未邦訳、2009年）があります。タイトルを直訳すると〝放っておいてくれ〟。「少ない税金こそが国を富ますのである」と、いかに減税が国にとって大切であるかを説き、どうやって減税を実現するかの方法論を綴《つづ》っています。

ノーキスト氏は、税金を無駄遣いし、利権をむさぼる連中を“Taking Coalition（利権をよこせ連合）”と呼び、これに対して、減税や規制廃止に立ち上がった人々を“Leave Us Alone Coalition（放っておいてくれ連合）”と名づけています。「国民・有権者は、自分たちがすべきことを知っている、お前たちから制限や指図を受けたくない」という自主独立の精神にあふれたネーミングです。

敵である「利権をよこせ連合」に立ち向かうため、アメリカでは実行力を持った「放っておいてくれ連合」が形成され、実際に成功を収めています。その考え方や方法には普遍性があり、日本でも実際に実行できます。

アメリカでは、Leave Us Alone Coalitionというフレーズは違和感なく浸透していますが、日本語訳の「放っておいてくれ」にはやや投げやりなニュアンスが含まれているので、本書では「税金を下げろ連合」と意訳しました。

かつてはアメリカも、税金が上がり続ける国でした。しかし、一九八〇年代から九〇年代にかけて、税金や規制を廃止する動きが活発化しました。これは当時、主に経済面で日本に敗北を喫《きっ》しそうになったアメリカが起死回生をかけて挑んだ取り組みだったと言えます。

一方、日本は逆に税金も規制も増え続けました。それらを縮小しようとする取り組みは格好だけ何度も行われましたが、仏作って魂入れず、有権者による政治的な支えがなかったために実際にはまるで効果がありませんでした。だから、一九八〇年代にはジャパン・アズ・ナンバーワンと言われた日本がその後、没落していったのです。

アメリカは復活し、成長する元気な国であり続け、覇権国家として今も世界に君臨しています。減税によって需要を喚起し、規制廃止で供給力を高め、国家としての競争力を取り戻しました。減税と規制廃止に成功したかどうか、そこで日米の明暗が分かれたのです。

しかし、腐っても鯛と言いましょうか、途上国と違って日本にはポテンシャルがあります。今の日本は税金や規制によって発展が阻まれているだけです。では、どうしたら増税ループや規制地獄から抜け出せるのか——、そのモデルはアメリカが提示してくれています。

さて、今の政治には不満だけれど、どうすればいいかわからない。そんな思いを抱いている方は多いのではないでしょうか。

本書のテーマである「税金」や「規制」が日本の発展を妨げているのだと聞いても、それが一人一人の生活にどう結びついているのか、ピンとこない人がほとんどだと思います。しかし、実は気がついていないだけで、大いに関係があります。

なぜ、日本からグーグルやアマゾン、またはツイッターやフェイスブックのような世界的な大企業が生まれないのか。また、いわゆる弱い産業とされている日本の農業は本当に弱いのか。今のいびつな教育は何とかならないのか。

それもこれも、すべて税や規制の問題です。

かつて「ジャパン・アズ・ナンバーワン」ともてはやされた日本が、アメリカに突き放されるとともに中国に抜かされたのは、なぜなのか。この差は何なのか。

本書を読んでいただければ、その理由が明らかになることでしょう。

税金下げろ、規制をなくせ　目次

本文図版　デザイン・プレイス・デマンド

序章

すべての税金は下げられる

とん税から入湯税まで

税金にはどれくらいの種類があるかご存知でしょうか。国によって異なりますが、日本には約五〇種類の税金があります。図表1を見てください。

納める場所は二つ、国と地方自治体です。国に納める税金を国税、地方自治体に納める税金を地方税と言います。

一般的にはあまり聞き慣れない税もあります。表の中に「とん税」と書かれている税金がありますが、どんな税金でしょうか。これは外国貿易船に課される税で、船のトン数に応じて課税されるので「とん税」と呼ばれます。また、「入湯税」などという税金もあります。温泉に行ったことのある方ならご存知の方も多いと思いますが、これは、鉱泉浴場に入ると取られる税金です。言い換えれば、僕たちは温泉で一息つくことにすら税金を取られているのです。

さらに、たばこに税金がかかっていることは知っていても、「たばこ税」「たばこ特別税」「地方たばこ税」と三種類あることを知っている人は少ないのではないでしょうか。

	国税	地方税		国税	地方税
所得課税	所得税 法人税 地方法人税 地方法人特別税 特別法人事業税 復興特別所得税	住民税 事業税	消費課税	消費税 酒税 たばこ税 たばこ特別税 揮発油税 地方揮発油税 石油ガス税 航空機燃料税 石油石炭税 電源開発促進税 自動車重量税 国際観光旅客税 関税 とん税 特別とん税	地方消費税 地方たばこ税 ゴルフ場利用税 軽油取引税 自動車税 （環境性能割・種別割） 軽自動車税 （環境性能割・種別割） 鉱区税 狩猟税 鉱産税 入湯税
資産課税等	相続税・贈与税 登録免許税 印紙税	不動産取得税 固定資産税 特別土地保有税 法定外普通税 事業所税 都市計画税 水利地益税 共同施設税 宅地開発税 国民健康保険税 法定外目的税			

（＊実はこの他にも各自治体が条例で作った税金もあります。）

出所）財務省
https://www.mof.go.jp/tax_policy/summary/condition/a01.htm

図表１　税金の種類

日本の国民負担率

このように、僕たちの周りにはさまざまな税金が存在します。そして、税金の内訳を示す円グラフ（図表2、18ページ）からは、いわゆる「所得税」「法人税」「消費税」が大きな税収であることがわかります。

ところで、国が多くの税金を徴収し、多く支出する場合を「大きな政府」、逆に少なく取って、歳出も少なく抑えるのを「小さな政府」と言います。税金が高いけれども手厚い社会保障を受けられる北欧諸国は「大きな政府」の代表で、アメリカは「小さな政府」の代表とされます。どちらがいいか、それを決めるのは国民です。

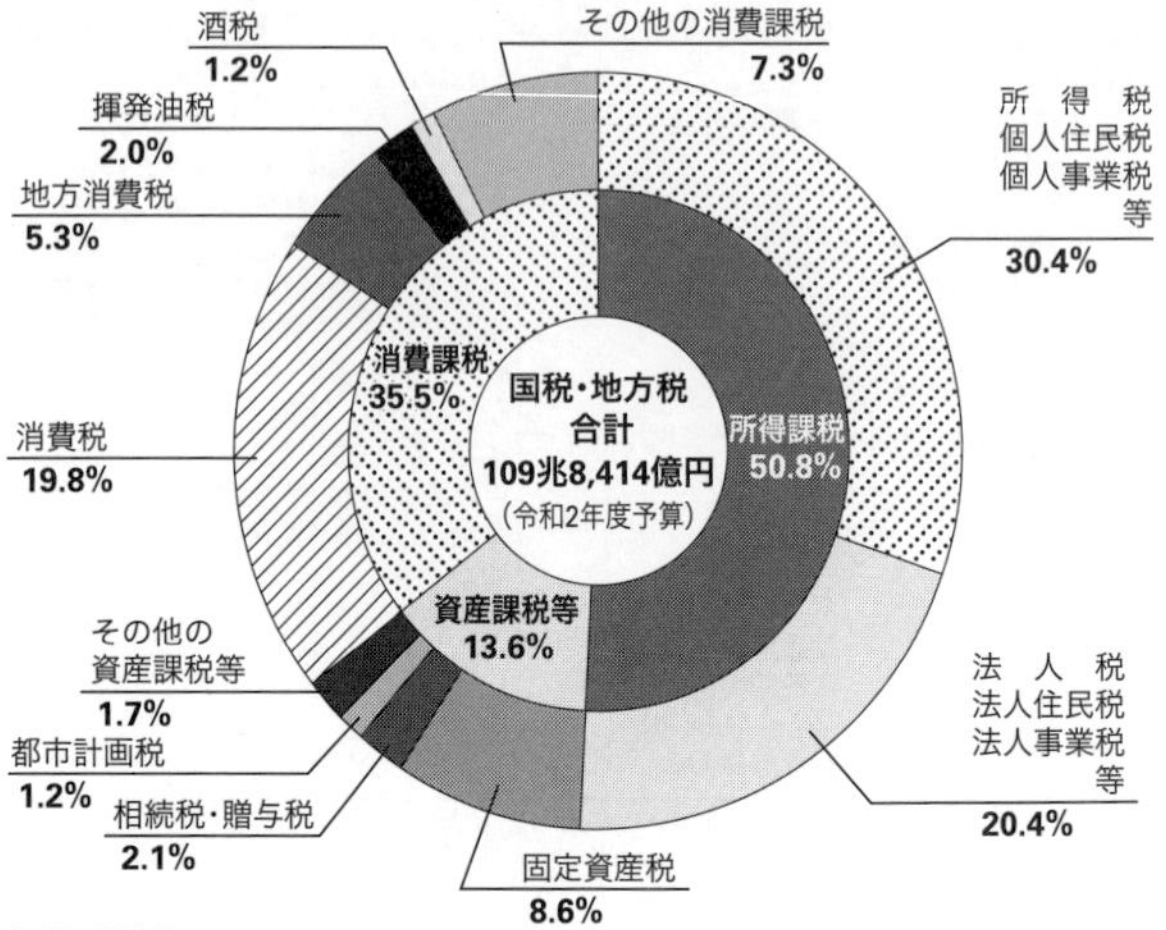

出所）財務省
https://www.mof.go.jp/tax_policy/summary/condition/a01.htm

図表2　税金の内訳

日本人が税金や社会保障費用をどの程度負担しているかを示す指標が「国民負担率」です（図表3）。

国民負担率は昭和四五年度（一九七〇年）には二四・三%に過ぎませんでしたが、令和二年度（二〇二〇年）には四四・六%に到達しています。五〇年で約二倍の負担が国民に課せられていることになります。社会保障負担にいたっては、この五〇年で五・四%から一八・一%と、実に三倍以上にまで膨れあがっています（対GDP比で見ても一九・七%から三二・五%まで上がっています）。

つまり、かつての日本では税金や社会保障負担は少なかったのです。というこ

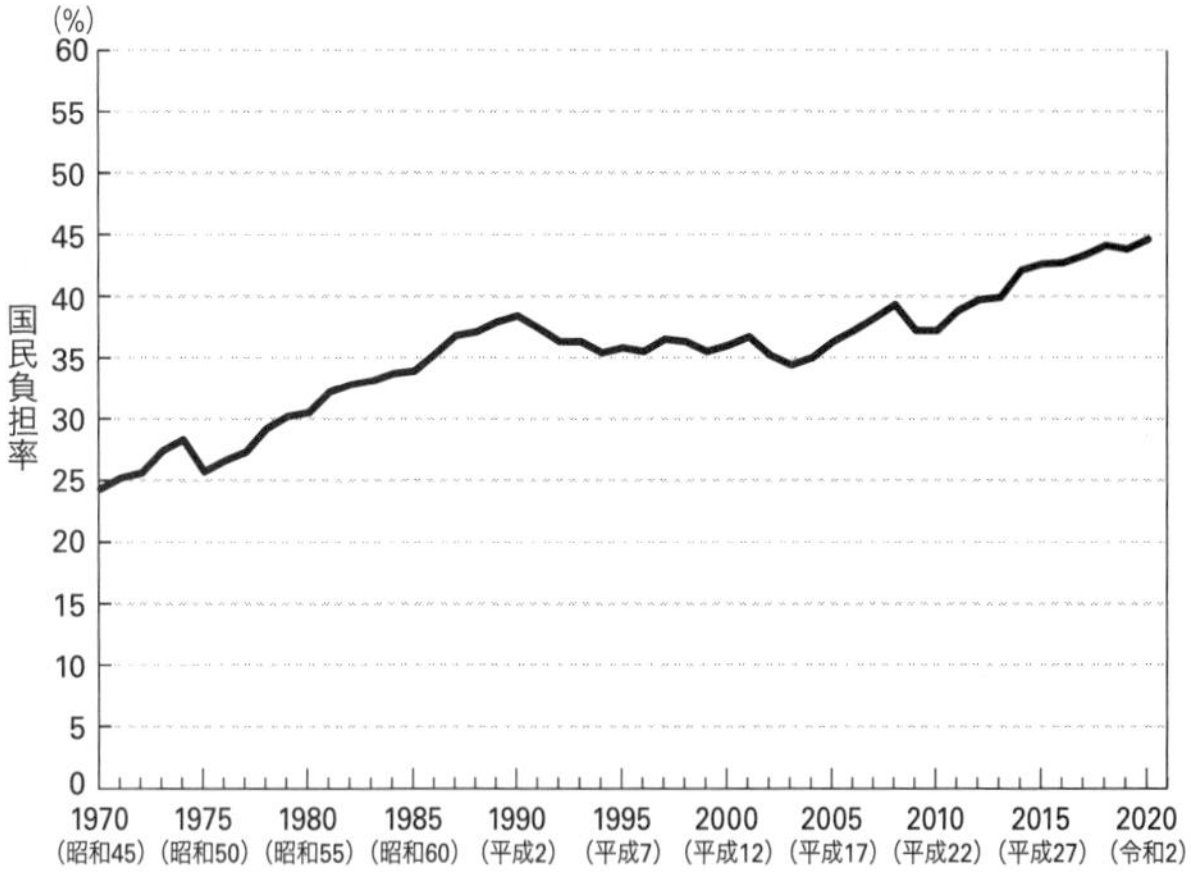

出所）財務省
https://www.mof.go.jp/budget/topics/futanritsu/sy202002a.pdf

図表3　国民負担率（対国民所得比）の推移

とは、働けば働いた分だけ貯金もできるし、若い頃に結婚がしやすかったとも言えます。翻って現代の若者は、重い税負担と社会保障負担で苦しんでおり、世代間の格差は大きくなっています。

欧州諸国と比べて進んでいない規制緩和

もう一つ、規制もまた税金と同じように政府が国民生活・ビジネス環境に介入する一形態です。規制が多ければ多いほど、国民は不自由になって経済損失が生まれます。

ＯＥＣＤでは、同加盟国の国内経済における規制の強さを測る指数として「製品市場規制（ＰＭＲ）」という指標を一九九八年から五年ごとに公開しています。このような規制の重さを数量化した国際比較はあまり注目されていませんが、近年では各国の規制動向を測る指標として重宝されています。規制が国内市場の活性化を妨げ、経済成長を阻害することは自明です。したがって各国の政策当局者は、この指標を自国のＧＤＰを引き上げるための参考資料として用いています。

　この指標の構成要素には、公営企業、政府関与、価格統制、許認可、規制の複雑さ、競争政策、利益集団、起業時の手間、直接投資や関税の障壁、外国企業への差別、貿易障壁などの要素が盛り込まれています。

　二〇一八年ランキング（図表４）では、日本は比較対象となったＯＥＣＤ加盟国の四六ヶ国中、二四位でした。中位のランクに位置していますが、規制が少なくないことは、この調査でも実証されています。

　上位には、イギリス、デンマーク、スペイン、ドイツ、オランダ、スウェーデン、ノルウェーといった国々が並んでいます。これは、規制や税金が多い「大きな政府」と考えられがちな欧州諸国が、実は国内規制が少ないビジネスフレンドリーな国であることを示しています（アメリカはデータ不足でランキングから除外されています）。

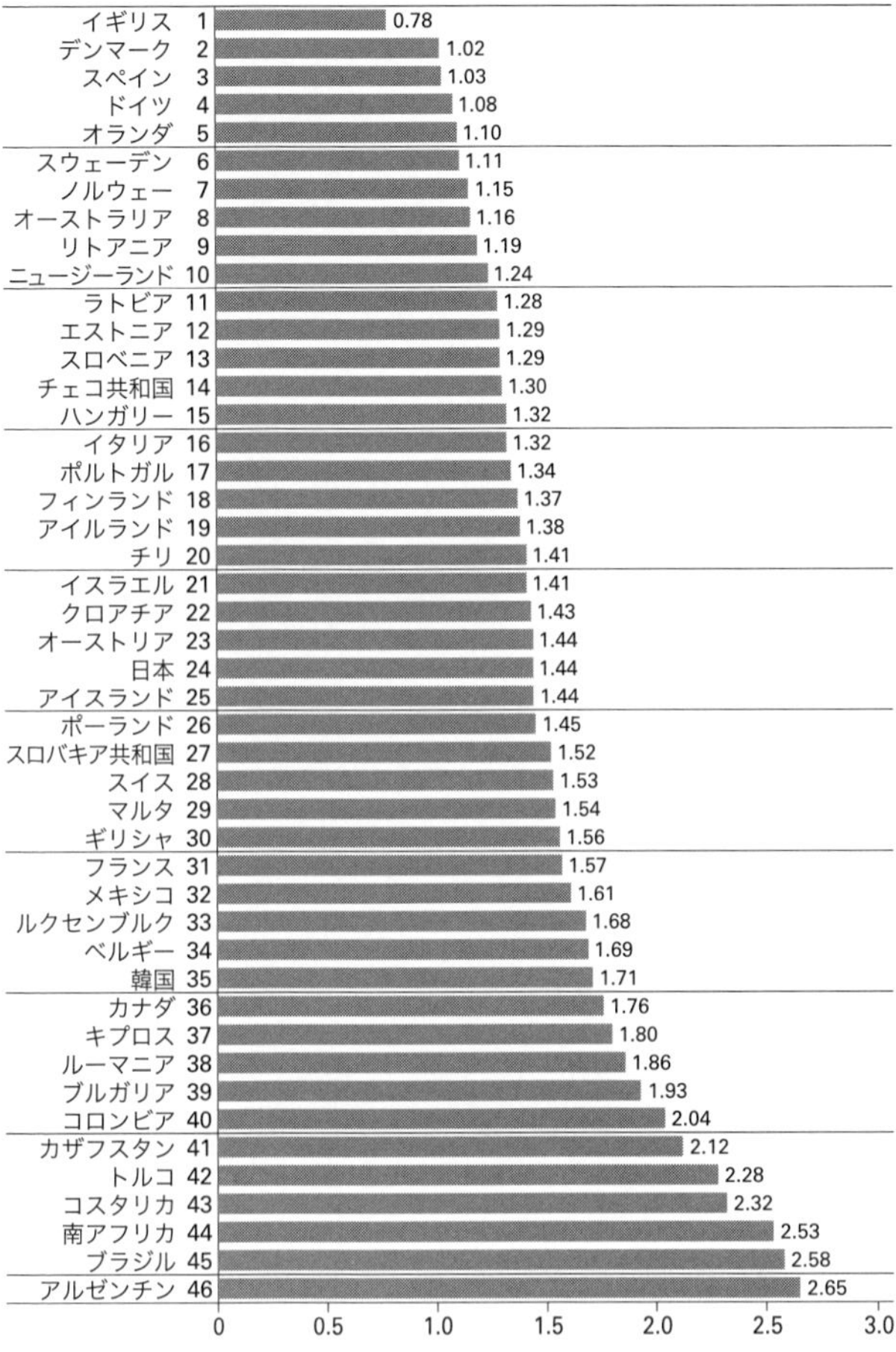

出所）OECD 2018 PMR database. Data include Colombia among OECD countries（the country joined the organisation in May 2020）

図表4　世界のPMR（製品市場規制）

同指標に基づくＯＥＣＤのレポート[1]の中で日本に関して特に問題視されているのは、「政治に対して規制を通じた特別な利益を求める組織（利益団体）と政府関係者の間に明文化されたルールが存在しない」という点です。言い方を変えれば、日本は極めて歪んだ形で規制が作られているという懸念です。

日本では不透明な形で利益団体の意向を受けて政府が規制を作っている。一見するとそれらは合法的に見えるものの、実は「腐敗」が蔓延《まんえん》しているのではないかと疑われているのです。

堪忍袋の緒を切れ

先ほど述べたように、昭和四五年度（一九七〇年）から令和二年度（二〇二〇年）の五〇年で、日本の税金は約二倍、社会保障費用は三倍以上になりました。これは同時に、政府が国民個人が持つ私有財産を侵害する規模が二倍から三倍になったことを意味しています。

日本人は忍耐強い国民性を持っていますが、困ったことに、政府はそれにあぐらをかいて税金を上げ続けようとしています。日本人がこの状況を甘受しているのはなぜでしょうか。

国別経済力ランキングが下がったとはいえ、経済大国の日本では餓死するようなことはまずありません。それゆえ、危機感が薄いのでしょうか。

でも、日本人の堪忍袋の緒が自然に切れるのを待っていては日本経済は沈没してしまいます。だから僕は積極的に「堪忍袋の緒を切れ」と声を大にして言いたいのです。

土木工事も社会保障も、ほとんどの日本人が当たり前のように国や地方自治体の事業だと思っていますが、本当に政府がやる必要性があるのか、そもそも、その事業が必要なのか、必要だとして、そのやり方は間違っていないか、よく考える必要性があります。

また、一般的に言われていることと実際とではかけ離れているケースが多々あります。役所がやることの大義名分は実態と本当にリンクしているのか？　例えば、社会保障費がかさむからと導入された消費税ですが、本当に社会保障（だけ）に使われるのでしょうか。

税金は余っている

僕は以前、大学教授らとともに地方自治体の事業仕分けの仕事をしていました。自治体は予算の執行現場であり、そこで行われていることが政策の大半ですが、とにかく無駄な事業が多いのです。

自治体の仕事は国の事業と違って見れば誰でも分かるものですが、一例を挙げてみましょう。僕が携わっていた地方自治体では、住民の環境問題への意識を啓発するために「環境啓発のチラシを配る」という事業が行われていました。この事業の効果について疑問に思い、「この取り組みは住民の意識に対して実際にどの程度の効果があるのですか?」と担当者に聞いたことがあります。すると、担当者は「チラシを印刷しているだけなのでわかりません」と答えたのです。

正直な回答をしてもらったことには好感が持てたのですが、住民の環境問題への意識がこの事業によってどれだけ高まったのか、極めて疑問です。僕が思うに、この事業にかかった経費と人件費はまったくの無駄。そして、こうした何の意味もない事業は、日本全国のあちこちで細かく行われているのです。

二〇二〇年の七月一日からスタートしたレジ袋有料化は、その最たる例です。旗振り役の小泉進次郎環境大臣はレジ袋有料化に際して、テレビのインタビューに答えて、「政策的にはほとんど意味がないが、国民の意識を変えるためにやっている」とヌケヌケと述べていました。レジ袋有料化とは増税の一種であり、その政策効果がほとんどないとは恐れ入りました。国民を教育するために罰則を科す、とは何様でしょうか。

一事が万事、このように無駄な浪費を繰り返すから税金が足りないように見えるのです。はっきり言わせてもらいますが、日本では税金は余っています。

ウソだと思う方がいらしたら、ご自身が住んでいる自治体名（○○市）と事務事業評価を調べてみてください（検索すればすぐ出てきます）。すると、役所の各仕事を一枚紙のペーパーに整理した一覧表（事務事業評価票）が出てきます。

その内容を見たら唖然とすることを保証します。官僚が民間を指導すべきだとする「大きな政府」を支持していた僕の友人も、一通り読み終えたら役所の現状に対して一八〇度考えが変わりました。ちなみに、その一覧表すら公開されていない自治体の状況は推して知るべしということです。

税金は他の税金を上げるために使われる

ところで、「消費税は貧乏人の負担が大きいから悪い税金だが、所得税や法人税は金持ちや大企業から取るからいいんだ」というような話を耳にすることもあると思います。

しかし、これは実はすべての税金を引き上げていくための方便です。詳しくは後述しますが、税金は他の税金を上げるために使われます。それだけではありません。日本経済を硬直化させている悪名高き規制の数々も、税金によって作られています。つまり、何かの税金を引き上げれば、それは他の税金や社会保障費を引き上げるのに使われるのです。

「払うものは少ないほうがいいに決まっているけれど、税金は実際には引き上げる必要があるんじゃない？」

このように考える人が多いのは百も承知です。僕たちは生まれてこのかた、メディアでも学校でも、税金は必要なものと刷り込まれていますから、その固定観念から解き放たれるには少し時間がかかるかもしれません。毎年一一月一一日から一七日までの「税を考える週間」では、全国間税会総連合会という組織が、毎年、「税の標語」を募集しています。これは僕たちの税金で行われていますが、税金を取られることに喜びを感じさせるような取り組みです。そんなものばかりを見ていると、真面目な人ほど税金は上げたほうがよいと思いはじめてしまいます。

しかし、本書を丹念に読んでいただければ、次第に洗脳が解けていくことでしょう。

なぜ増税されるのか、その結果日本がどうなったかを理解できれば、減税が必要な理由は自明です。

税金を共済や保険のようなものと思っている人が多いですが、政府は一般国民や弱者を助けるために増税を行っているのではありません。福祉のためなどと言っていますが、口実です。はっきり言って徴税とは、政治家が自らの票田にバラ撒くために集金するシステムです。このバラマキ利権にありつけない人が元気をなくしていて、なおかつ規制や納税のための無意味な作業に従事させられることで、結果として日本全体が沈んでいるのです。

税金がどんなに国民をいじめているか、規制によって日本がどんなにダメになってきたかは、第三章で説明します。

税金は下げられる

現在では、「少子高齢化が……」「社会保障が……」に加えて「未曾有の災害が……」も増税の口実に使われています。

日本は世界に先駆けて少子高齢化が進んでいる社会でありながら、地震・火山・台風などに毎年襲われる災害列島でもあります。こうした困難を抱えている社会では、「増税はやむなし」なのでしょうか。言い切りますが、これはプロパガンダです。そうした情報に流されて、税金や規制のことなど、あまり考えていない人でも（あるいは、あまり考えていないからこそ）、税金は上がるものと信じています。消費税にしても、どうせ上がっていくものだと思っているので、実際に増税されるとあきらめてしまう人が多い。

しかし、あきらめないでください。税金は下げられるのです。税金が本当に下がるかどうかは、理屈ではなく政治力の問題です。

以前はこれを説明するのにかなり苦労しましたが、二〇二〇年四月、誰の目にも明らかな形で、それが実証されました。それは公明党の反逆です。

コロナ対策として、安倍内閣が第一次補正予算を組みました。ところが、閣議決定までしたその予算に、公明党が「すべての国民に一律一〇万円の給付を」と異議を差し挟み、決定を覆しました。公明党の得票率は一〇％程度です。それでも、閣議決定をひっくり返すパワーがある。

少数派であっても、政治を動かすことができる。国民の五一％の得票は必要なく、たった一〇％で影響力を持てる。少数のまとまった塊が意味を持つ。そのことが、これ以上はないほどよくわかる事例でした。

一律一〇万円とは一〇兆円程度の予算規模に相当します。言い換えれば、消費税五％分です。一〇％の政治力で、一瞬にしてそれだけの予算が動くのです。

つまり、減税派が有権者の一〇％をなし、大きな声を上げれば、税金は確実に下げられます。繰り返しますが、減税ができる・できないは、政治力だけの問題なのです。

潜在的な減税派は一〇％などというものではなく、はるかに多いと思いますが、残念ながらその数が、今のところ見える形になっていません。だから、税金が上がっているのです。減税派が連帯し、その活動を強烈にアピールすれば、税金は必ず下げられます。

寸借詐欺と減税詐欺

貸し主「そろそろ貸したお金を返してくれませんか」
借り主「もう少し待ってください。返せるアテはあるんです」
貸し主「もう少しだけですよ。ちゃんと、返してくださいね」

こんなことが続いたら、この借り主は詐欺師と呼ばれても仕方がありませんし、信じる貸し主はお人好しすぎます。しかし、これが現在の日本の有権者と政治家の関係です。政治家は公約をします。しかし「公約と書いてウソと読む」と言われるほど、政治家の約束は薄っぺらいものです。

安倍政権は消費税増税に関して「リーマン・ショック級の出来事がない限り、現行の八%から一〇%に引き上げる予定だと繰り返し申し上げており、この方針に変わりはない」と言いながらも、どこか増税見送りを匂わせる態度を繰り返してきました。

そして、実際には二度消費税を上げました。二〇一四年四月に八%、そして、二〇一九年一〇月には一〇%に。「安倍さんは増税派の財務省と戦ってくれる」と支持者が勝手に思い込み、騙されたのは自業自得ですが、そのイメージを政治的に利用してきた安倍政権の策士ぶりには感心させられます。

自民党の議員の中には、「消費税を上げません」と言っていた人がたくさんいます。増税後、彼らは言いました。

「私は、本当は減税をしたいと思っています。でも、状況が許さないのです」

また、太鼓持ちのような代弁者たちは、

「あの人は、心の中では増税に反対なのだ。本当は消費税を下げたいと思っている。けれども、財務省が許さないんだ。悪いのは財務省だ～」

「あの人」のところには、思い浮かんだ政治家の名前を入れてください。

しかも、安倍政権の場合は三党合意をしていましたから、詐欺の計画は事前に決まっていたのです。三党合意とは、二〇一二年の民主党政権時代に民主党、自由民主党、公明党で取り決めた合意のことです。「社会保障と税の一体改革」の名のもとに八法案が成立しました。そこで消費増税へのレールがすでに敷かれていたのです。

「金を返す」というのを信じていたが、騙されていた。「返さないのではないか」と薄々思いながら、それでも金が戻ってくると根拠なく信じていたけれども、やっぱり金は返ってこない。いっこうに返そうとしない当の借り手が、「本当は、お金を返したかった」と言ったところで、あなたは信じて待ちますか。せいぜい「今からでもいいから早く返せよ」と言ってやるところでしょう。

政治家の「私は本当は増税に反対なのです」という言葉を信じる人は、友情を巧みに利用して他人を食い物にする詐欺師の餌食になるだけです。「まさかあいつがオレを騙すはずがない」と思いたい気持ちはわかりますが、手遅れになる前に縁を切るなり、訴えるなりしたほうがいい。まして、さらにお金を貸すようなことは言語道断です。

個人がお金をどう使うかは人それぞれの価値観ですから、それでも信じたい人はどうぞご自由に。しかし、有権者と政治家の関係は、そんなウェットなものではありません。思っているだけではダメ、行動がすべてです。

「本当は増税に反対」、僕はこれを「お気持ち詐欺」と呼んでいます。増税に反対する「気持ち」はあるのだが……という論法で、人を騙す。そんな「お気持ち」があろうが、なかろうがどうでもいい。国会議員は一人一票を持っていますから、単に国会で投票すればいいだけです。「党議拘束（党の執行部に従って投票しなければいけないルール）があるから」と議員は言うでしょう。しかし、それは、そちらの都合。本当に増税に反対なら、造反するか、離党すればいい。もしくは他の「お気持ちでは増税に反対」の議員を党内で説得したらいい。

有権者は、単純に「減税しろ」だけでＯＫです。有権者を煙にまく政治家の余計な話は無視しましょう。

じゃんけんのルールを正せ

日本の増税と規制増加には、民主主義国であれば守らなければならないルールが守られていないことが背景にあります。

「政官財のトライアングル」という言葉がありました。これは国の政策が決定される過程で、政治家（政界）・官僚（官界）・企業（財界）の三者が結びつく構造のことですが、「癒着の構造」でもあります。しかし、かつての財界は、政・官の言いなりではありませんでした。財界は、他の二者にモノ申す強力な民間人代表でもあったのです。

今は、財界が政・官に完全に下っていて、経団連をはじめとした経営者の代表が増税に賛成する世の中です。彼らは税金の引き上げと社会保障費の据え置きをバーターで交渉しているつもりなのでしょうが、本章の冒頭で触れた通り、結果としてそれらは両方とも上がってきています。

こういう景色を見ていると、僕は「そのような交渉能力で本当に商売できているのですか?」と聞きたくなります。その商売が実質的に規制に守られている特権階級の利権業なら別ですが。いずれにせよ、増税に賛成するような経営者は民間人の風上にも置けません。

ところで、じゃんけんは誰でも知っていますね。グーはチョキに勝ち、チョキはパーに勝ち、パーはグーに勝つ。これがじゃんけんのルールです。

元来、有権者・政治家・官僚の関係も、こうあるべきなのです。

有権者（グー）は投票して政治家を選ぶので、政治家（チョキ）は立法活動によって官僚（役所）を牽制するので、官僚（パー）より強い。官僚（パー）は規制権限を持ち、民間人（有権者）を監督するので、民間人（グー）より強い。ルールに従えば、政治家も官僚も勝手なことはできません。しかし、このじゃんけんルールが、今の日本では正しく機能していません。

官僚（パー）は民間人（グー）に対して強い。ここだけは昔も今も変わりません。官僚は税金を徴収したり、禁止事項を定めたり、人々の生活にさまざまな影響を与えます。民間人が役所に「税金を払いたくない」と言ったら、ペナルティを科され、ひどい場合は逮捕されます。

しかし、あとの二つはどうでしょうか。政治家（チョキ）がダメなら、有権者（グー）が選挙で落とせるはず、官僚（パー）が間違ったことをしたら、政治家（チョキ）が文句を言うはずなのですが、そうなっていません。なぜか、チョキとパーが結託して、グーが負けるルールを作っています。

有権者（グー）が政治家（チョキ）を訪問すると、チョキのはずの政治家がグーの有権者に「頭が高い」と言わんばかりに叱りつけることもあります。「お前、永田町や我が党のお作法がわからないのか」と。

　有権者はグーの自覚を持たなければいけません。政治家に言いましょう。「じゃんけんのルールがわかっているのか。お前はチョキだからな！」、ついでに言えば「チョキとパーで決めた腐敗したお作法は先刻承知」と。

　チョキはあくまでもチョキです。グーがチョキに土下座することをやめなければいけません。グーはチョキに勝つ。この法則を貫徹する必要があります。

　アメリカの「税金を下げろ連合」の人々が行ったのは、まさにこれです。日本も、それでいこう！　と言いたいところなのですが、日本の場合、まず、選挙制度の運用からしておかしいので、そこを正すところから始めないといけません。これについては、第三章で詳しく話します。

　戦後まもなくは、グー・チョキ・パーのじゃんけんルールがそこそこ機能していたのですが、だんだん官僚（パー）の力が強くなってきていて、官僚（パー）が政治家（チョキ）を圧倒し始め、ルールが変わってしまいました。

チョキ（政治家）「無駄な抵抗はやめよう。これ以上、パー（官僚）と戦うのはやめだ。それにしても、なんで、グー（有権者）にもパーにも負けなきゃいけないんだ。せめてグーには勝ってやる」

そんなチョキに、あるときグーが要望を持ってきました。もともとチョキは、チョキの割には生意気だったのですが、いつもにも増して偉そうです。グーに従うどころか、命令口調で言いました。

チョキ（政治家）「パー（官僚）様がこう言っている。オレもそう思う。お前らグー（有権者）はオレの言うことを聞けばいいのだ。これが、今のお作法。お作法を守れ！」

グーは首をかしげます。

グー（有権者）「おかしいな。チョキ（政治家）よりパー（官僚）が強くて、グーである自分よりチョキのほうが強い？　それならグーはパーに勝てるはずだ」

グーは、パーのところに行きました。しかし、パーは負けてくれません。いつも通り、傲慢な態度で、後でどのようにも解釈できる杓子定規のことを言います。

パー（官僚）「個別のことにはお答えいたしかねます」

グーは首をかしげました。

グー（有権者）「おかしいな。やっぱり、パー（官僚）には何を言っても通じない」

グーは首をかしげ続け、ついにグーの首は折れてしまいました。

……とならないように、グー（有権者）だけが負け続ける今の状況を打破しなければなりません。

*1 Indicators of Product Market Regulation
https://www.oecd.org/economy/reform/indicators-of-product-market-regulation/

第一章

復活したアメリカと沈む日本の差

五五年体制は「やらせ」の談合政治

一九五五年、自由党と日本民主党が合併して自由民主党が誕生しました。戦後、社会主義政党である日本社会党の勢力が伸長し、それに対抗して、保守連合を果たしたのです。以後、与党自民党と野党第一党の社会党が対立する構図は、五五年体制と呼ばれました。

以上の説明はおおむね正しいのですが、これは表の姿です。実際には、この五五年体制で対立しているかのように見せていた自民党と社会党は、両方とも税金や規制から生まれる利得に群がる「利権をよこせ連合」でした。自民党の利権屋は財界および各種業界団体、社会党側の利権屋は労組や人権団体。五五年体制は、いわば、この両党による「やらせの談合政治」です。

それでも戦後すぐは全国に焼け野原が広がり、ゼロからのスタートでしたから、ホンダを創業した本田宗一郎らのように、起業家は自由に羽ばたくことができました。通産省（現・経済産業省）からの指導を撥《は》ね除《の》けた産業が次々と飛躍し、日本を支える企業が生まれていきました。それで、高度経済成長も可能だったのです。

ところが、経済成長すると社会に余裕が出てきて、「利権をよこせ連合」の人たちは「おっ！　これ、つまみ食いできる。あれも」と、新たな予算や規制を拡大して、どんどん利権をつまみ食いするようになりました。立法上の大義名分を整えて、次々と役所の外郭団体を創設し、自分たちの関係先に税金を流し込んだのです。

それは自民党も社会党も一緒です。このつまみ食いの量がどんどん増えていき、経済成長そのものをおびやかすにいたったのが一九九〇年代です。

「利権」と言うと、賄賂を渡して取引するような、それこそ悪代官と越後屋のイメージかもしれませんが、あからさまな賄賂は違法です。それより怖いのが、合法的な形の利権です。彼らは利権を合法的に獲得し、合法的に運用し、合法的に日本国民から富を収奪しています。そんな彼らを支えているのが税金と規制です。

「利権をよこせ連合」とは

ここで、「利権をよこせ連合」と、それに対抗する「放っておいてくれ連合」＝「税金を下げろ連合」とはそれぞれどのような人たちを指すのか、具体的に確認しておきましょう。

「これに関して、ちょっと規制を作ってもらえると、ウチのビジネス、助かるんですよ。よろしくお願いします、先生」
「すみません。今度、こういう補助金作って、ウチの業界に流してもらえますか。もちろん先生の関係している団体が、補助金をバラ撒く組織を一つ作るということで」

わかりやすく言うと、こんな話をしているのが「利権をよこせ連合」の人たちです。もちろん正直に「利権をよこせ」と言ったのでは議会を通すことはできません。そのため、「こういう政策的な必要性があります」「今こそ日本のためにこれが必要です」と表面上の大義名分を整えます。彼らは国民から税金を搾り取るため、また、集めた税金から予算をぶんどるため、日夜、立派な屁理屈づくりに励んでいます。

いわゆる五五年体制、自民党や社会党、および、その周囲で利権をむさぼっていた人々はほぼ全員がここに属しています。

日本が経済成長できなくなり、「ジャパン・アズ・ナンバーワン」と言われた状態から没落して、アメリカにも中国にも抜かされる原因を作ったのが、この「利権をよこせ連合」の人たちです。

「放っておいてくれ」＝「いらぬ干渉をするな」＝「税金を下げろ」

それに対して僕たちが目指すのは、「放っておいてくれ連合」です。「はじめに」で触れたように、「放っておいてくれ」は“Leave Us Alone”の訳語で、本書では「税金を下げろ連合」と意訳しています。

飛躍があるように見えるかもしれませんが、結局のところ、指している内容は同じです。「放っておいてくれ」とは、政府に干渉されたくないということ。それは小さな政府を目指す、つまり規制を廃止し、税金を下げる運動なのです。

「補助金なんかいらない。書類を書くの、面倒くさいし」
「いらない制度を作るぐらいだったら、税金を下げてくれないかなあ」
「新しいビジネスを起こしたいんだけど、規制があってできないんだよなあ」

そう思っている人たちは大勢いるのですが、こちらは残念ながら、日本では、まだ組織化されていません。その難しさは「利権をよこせ連合」と「税金を下げろ連合」の性質の違いにも起因します。

例えば、二〇二四年度に導入予定の新しい税金の話をします。「環境のために、新しい税が必要です。ひいてはみなさん、一人一〇〇〇円ずつ住民税に上乗せしたいと思います」という〝森林環境税〟なるものができることが決まっています。これは二〇一九年に制定された法律に盛り込まれました。この税金の存在をご存知でしょうか？　一人数百円～一〇〇〇円なら、個人の負担感はあまりありません。つまり、よくわからないうちに取られてしまう。

あるいは、実際に施行済の税金の例で言いますと、旅行や出張で海外に行くときに、密かに、わずかな税金が課されています。これは「国際観光旅客税」といって、出国するときに一〇〇〇円取られるのです。微々たる金額なので、本気で廃止しようという話になっていません。有権者一人ひとりは、取られているけど「まあ、いいか」。

一方、「利権をよこせ連合」の人たちにとっては、一人ひとりから一〇〇〇円ずつ集めた税金が、各々の団体に補助金としてドーンと何百万円、何千万円、何億円が振り込まれるわけです。薄く広く取って、大きく渡す。これが税金のからくりです。

「利権をよこせ連合」の人たちにとって、もらえるかもらえないかは死活問題なので、真剣です。そのため、「利権をよこせ連合」は、これまで五五年体制の中で、自らの懐にこれでもかと利権誘導してきました。そして、「薄く取るから、どうせあいつらにはわからないだろう。適当な大義名分を掲げておけばコロッと騙されるはず」と、物言わぬ国民から、いいように税金を巻き上げ続けてきたのです。そして、日本国民に目に見えぬ手枷《てかせ》足枷《あしかせ》を科すことで、日本の経済成長を妨げてきました。

だから今こそ、納税者は「税金を下げろ」と立ち上がらなければいけません。

一人につき負担しているのは五〇〇円、一〇〇〇円かもしれません。しかし、積もり積もれば大金です。消費税も上がりに上がって、現在一〇％。一回の買い物分の消費税額は少ないかもしれませんが、一年間、十年間トータルしたら、バカになりません。

薄く広く取れば負担感がなく、国民に気づかれないと、〝敵〟はたかをくくっています。でも、現代という時代はツイッターなどのＳＮＳが発達してきたおかげで、有権者が政治に参加しやすくなっています。一人ひとりの声は小さくとも、じかに直接、議員に要望することもできます。

かつての日本では、「利権をよこせ連合」だけが政治に参加することを許されていました。しかし今後、この小さい声を集めて「税金を下げろ連合」としてまとめ上げれば、それが、「利権をよこせ連合」に対抗する新しい強力な有権者と政治家の関係になり得ます。

これが機能すると、じゃんけんのルールも正常化します。

グー（有権者）→チョキ（政治家）「よけいな干渉はやめろ」

チョキ（政治家）→パー（官僚）「なんか民間人が干渉はやめろと言ってるぞ」

パー（官僚）→「しょうがねえなあ。税金上げて規制作って、天下りしたいんだけど、控えるか」

これが本来、有権者と政治家と官僚の正しい関係です。これができないなら選挙の意味がありません。

政治家と有権者の関係を正し、正常なサイクルに戻しましょう。今まであまり認識されてきませんでしたが、国民は目を覚まし、「税金をなくせ」「規制を廃止しろ」と声を上げていかなければいけないのです。

見せかけだけの改革——そして何も変わらなかった

これまでも、改革の試みがなかったわけではありません。一九九三年、政治改革を掲げて細川護熙内閣が誕生しました。このときに試みた政治改革は、本来、大きくなりすぎた「利権をよこせ連合」を解体するために行われたものでした。実際、政党と企業や業界団体との関係を断ち切るために政党助成金ができます。そして、利権団体の意向が反映しやすい選挙制度である中選挙区制を改めて小選挙区制度が導入されました。

しかし、玉石混交の連立政権ではうまくいきませんでした。

一番の問題は、政治改革をやろうとしたのが政治家たちであって、有権者主導ではなかった点にあります。政治家たち自身に自らの既得権を解体することなど、しょせん不可能でした。結果として、企業・団体献金は禁止されず、政党助成金を受け取るだけという本末転倒の状況が残りました。そして、小選挙区制度も比例代表制が組み合わされることで、有権者が直接選んだわけでもなく、むしろ落選した政治家が政党の都合で国会議員になれることになりました。つまり、政治腐敗が一層ひどくなりました。

政治家は選挙に当選しなければ話になりません。そのため、せっかく政治改革を掲げた政治家たちも、結局は、「利権をよこせ連合」と組む道を選びました。そのほうが当選しやすく、ずっと楽だからです。そして、何よりも顔が見える関係を優先することは人情でしょう。

当時は、特定の支持政党を持たない無党派層が増えていました。無党派層をつかめば、選挙に勝てるはずですが、政治家はこの有権者層に対して、「選挙の前だけ適当なことを言えばいい」と、真剣に向き合いませんでした。街頭演説やビラで耳触りのよい適当なことを述べて、当選した後は利権団体とよろしくやる、そんな状態が続きました。

改革は計画倒れに終わり、政治家たちは、談合とやらせ政治を続けました。つきあいの深い役人たちにも、「お前を出世させてやるぞ」と、どんどん法律を増やしました。後述しますが、官僚は法律を作ると出世できるのです。愚にもつかない公共事業の大盤振る舞いが行われたのも一九九〇年代です。政治家は公共事業の「箇所付け」（公共事業の予算、補助金について、地域の個別事業に具体的な数字を割り当てること）と呼ばれる利権誘導に力を発揮することで、その権勢を示してきたと言われています。

最近、公共事業が減ったとされるのは勘違いで、かつての日本政治が調子に乗って利権をバラ撒きすぎていただけのことです。

アメリカが活力を取り戻した方法

有権者が政治に無関心で、政治家にお任せの立場でいると、政治が腐敗して彼らの利権が作られていくのは万国共通です。

アメリカも、昔は規制だらけで、税金は増える一方でした。しかしアメリカは、その〝負の連鎖〟を断ち切りました。どうやって？

アメリカ人も、かつては減税を望む有権者が「腐敗をなくしてみなさんのもとにお金を戻します。（≒減税します）」と発言する議員を連邦議会に送っているだけでした。しかし、当選後「あとは先生、よろしくお願いします」とお任せし、その後のメンテナンスを怠っていたのです。つまり今の日本のような状態でした。

それでは、政治家は真面目に有権者のためになど働きません。例えばアメリカでは、公共事業の箇所付けによる利権誘導は、政治家の腐敗の象徴として「イヤーマーク」と呼ばれていますが、やはり堂々と行われていました。利権づくりに国籍や人種の壁はありません。そして、税金は上がっていきました。

しかし、やがて減税を望む有権者の中にこう思った人たちが出てきました。

「こいつら（減税を約束した議員）に騙されているんじゃないか？」

彼らは減税団体を組織し、一九八〇年代後半には「全米税制改革協議会（ATR）」という全国規模の納税者団体へと発展しました。同団体は連邦議会議員の候補者に対して「増税反対」に同意するように求めています。

今ではアメリカ共和党の、連邦議員のほぼ全員、多くの地方議員が、同団体の求めに応じて「すべての増税に反対する」署名にサインしています。有権者が、それを約束させるのです。もし約束を破ったら、減税団体員がネガティブキャンペーンをはります。共和党議員も自党の支持者から強烈な野次や罵倒《ばとう》が飛んでくるのですから、たまったものではありません。当然、次の選挙では不利になります。そのため、なかなか約束は破れません。利権が欲しいのは人の常ですが、議員は選挙に受からなければ元も子もありません。約束を守ったほうがメリットが大きい、そう思えば、議員たちも約束は破りません。

日本の場合、一人ひとりの議員が議会で何を言ったかなど一般の人は知りません。しかし、政治制度の違いもありますが、アメリカでは、連邦議員の投票記録が有権者の団体によって詳細に分析され、点数化されています。減税に賛成した人は高得点を得て、反対した人の得点は下がります。共和党系なら「保守度」という点数（ゼロから一〇〇点）がつけられています。それは公表され、一般の人も点数を見れば、裏切り者が誰かすぐにわかってしまいます。

つまり、有権者は、まず、「すべての増税に反対する」と議員に約束をさせる。そして、各議員が本当に反対したか、質問や議決に当たっての投票など議場での行動を評価する。裏切った議員は、次の選挙で落とす（票を入れない）。共和党陣営に関しては、これが徹底されているのです。

民主党陣営にも有権者の団体があり、議員の実際の行動を見て評価し、次回の選挙の参考にするという点は同じです。ただ、民主党は増税したい人たちなので、評価基準は当然、違います。

一九九四年の「保守革命」

減税派が躍進した象徴的な出来事は、一九九二年のアメリカ大統領選挙におけるジョージ・H・W・ブッシュ（パパブッシュ、ブッシュ・シニア）現職大統領の落選です。

パパブッシュは一九八八年の大統領選挙で「増税はしない。私の唇を見てください（no new tax, read my lips)」と約束して当選したのです。「唇を見てください」とは「本当のことを言っているのだから信用してください」という意味です。ところがブッシュは大統領に就任後の九〇年に、民主党議会と妥協して、増税したのです。

こんなとき日本だったら、どうなるでしょう。

たぶん、御用言論人が「ブッシュ大統領のお気持ちは、本当は違う。増税なんかしたくなかったんだ」などと言って、ブッシュを再選させようとするでしょう。よくあることなので、みなさんも想像できますよね。そして、有権者も半ばあきらめたように、「政治家って、そんなもんだよ」とシニカルに構えて、不満はあるものの、無能な野党よりはマシと、しぶしぶ票を入れてしまう。

しかし、アメリカ人は、ブッシュがどんなに言い訳しようが、それを許さなかったのです。

「お前、増税に反対と言ったじゃないか。ウソつき！　落ちろよ」

と次の一九九二年の大統領選挙では、減税派の共和党員はブッシュに票を入れませんでした。そのため、民主党のビル・クリントンが当選してしまったのです。言うなれば、自民党の首相がウソをついたから、自民党支持者が怒って民主党政権を誕生させたようなものです。

僕はこの件について、アメリカ人に質問してみたことがあります。

「自分が支持する政党の候補者を落として、支持していない党の候補者（クリントン）を当選させてよかったの？」

アメリカ人は、誇らしげに語ってくれました。

「何を言っているんだ。これがよかったんじゃないか。たとえ支持政党の候補者でも、そこそこ功績のある現職の大統領でも、『増税しない』の一点についてウソをついた人間は絶対に落とす。これで、オレたちは信用されたんだ」

「オレたち」とは減税派有権者の集団です。これをやったから、この減税運動は本物なのだと、現職大統領をも落とす筋金入りの集団なのだと、一般の共和党支持者に信用されるようになったのです。ここで「税金を下げろ連合」が完成しました。

ですから、クリントン大統領の当選は、アメリカ国民がクリントンのほうがよいと思って選んだというよりは、共和党減税派がブッシュを落としたという側面のほうが強いのです。

実際に減税派は、ただ負けただけではありませんでした。ここからが、彼らの見せ場です。

一九九四年、下院の選挙が行われました。

アメリカ合衆国下院は、二年ごとに総選挙を行います。下院は日本の衆議院に相当するも間選挙でした。

下院は、一九五五年以来ずっと民主党に支配されていました。その下院で、このとき、なんと共和党が多数派を占めたのです。四〇年ぶりの快挙なので「保守革命」と呼ばれています。減税運動が信頼を得て、「この人たちなら、本当にやってくれるかもしれない」との期待が、有権者の間に膨らんでいたことが、その背景にあります。「税金を下げろ連合」が一丸となって、「税金を下げます」と主張する議員を当選させたのです。

予算や税金に関する法案は、基本的に下院主導で決めています。上院と下院で折衝しますが、まず下院で審議されなければならず、下院のほうが力が強い。そのため、アメリカの場合は、税金を下げ、規制を減らそうとするなら、下院を奪わないといけません。

四〇年ぶりの共和党下院奪取は、減税実現の素地をやっと手に入れたという画期的な意味合いがあるのです。そして、「税金を下げろ連合」は、その後も議員が約束を履行しているかどうか、ずっと見張り続けてきました。

当時は、大統領がクリントンだったので、下院のできることにも一定の限界がありましたが、このとき、「利権をよこせ連合」と「税金を下げろ連合」のバトル構造が固まりました。そして、その流れの人たち、つまり「税金を下げろ連合」が、二〇一六年に誕生したトランプ政権を担って運営してきたのです。

一九九四年の「保守革命」については、『「保守革命」がアメリカを変える』（グローバー・ノーキスト、中央公論社、一九九六年）が詳しいので、元祖「税金を下げろ連合」の成り立ちと成功物語に興味のある人は、こちらを参照してください。

アメリカ共和党の党内事情——保守派と主流派

ここで、アメリカ共和党の党内事情について簡単に説明します。詳しくは拙著『日本人の知らないトランプ再選のシナリオ——奇妙な権力基盤を読み解く』（産学社、二〇一八年）を参考にしていただきたいのですが、以下はその要約です。

共和党には保守派と主流派があります。

保守派の人々にとって大事なのは、合衆国建国の理念でもある「自由」です。結果、「政府からの自由」が重視され、「小さな政府」を求めます。アメリカ内に広範な草の根ネットワークを持っていて、減税団体もその一つ。つまり「税金を下げろ連合」は保守派の運動です。ロナルド・レーガン（第四〇代大統領）、バリー・ゴールドウォーター（一九六四年の大統領選挙における共和党大統領候補）が代表的な人物です。

これに対して、主流派は「中道」と言えば聞こえがいいですが、あまりポリシーはない。というか、はっきり言って、理念より利権が大事な人たちです。

ブッシュ一族は主流派です。かつて共和党の大統領候補となったジョン・シドニー・マケイン三世（二〇〇八年）、ミット・ロムニー（二〇一二年）もここに属します。民主党に妥協的であるため、保守派からは「名ばかりの共和党員（Republican in Name Only）」と揶揄《やゆ》されています。

とはいえ、主流派は、名前の通り、共和党を仕切ってきた人々です。レーガン大統領時代も、レーガン本人は保守派でしたが、主流派のブッシュを副大統領にせざるを得ませんでした。そしてレーガン後は、副大統領だったブッシュがレーガンの政策を継ぐという触れ込みで大統領に横滑りしながら、前述のように約束を破って増税しました。

その後は民主党のクリントンが二期、共和党主流派のジョージ・W・ブッシュ（パパブッシュの長男）が二期、民主党のバラク・オバマが二期、大統領を務めました。

こうした二四年間を耐えに耐えて、ようやく二〇一六年、共和党保守派からトランプ大統領を出すことができたのです。つまり、トランプ大統領の誕生は、民主党から共和党への政権交代であったと同時に、保守派が主流派に勝った瞬間でもありました。いわば二重の政権交代が起こったのです。

大統領だけ見れば、二四年間負けっぱなしだった保守派ですが、前述のように、一九九四年に下院を奪ったので、クリントンは思うように増税や規制ができませんでした。議会だけの共和党保守派が大幅に減税・規制廃止を通すのは難しいのと同様、大統領だけの民主党が、増税・規制強化するのもまた難しいのです。下院の共和党保守派勢力は、増税を阻止しました。日本の場合、議会と行政部が一体化していますが、アメリカは互いの拒否権が強いので、牽制し合ったのです。

税金・規制だらけの日本――大リーグボール養成ギプスの呪い

これと対照的だったのが同時期の日本です。もちろん、日本でも電電公社や国鉄の民営化を象徴とする一部の民営化・規制緩和が行われた結果、さまざまな生活の利便性が向上した事例があります。しかし、一九九〇年代、日本はひたすら公共事業などを起こし続け、また規制やそれに関連した法律を増やし続け、どんどん身動きが取れない状態になっていきました。自らの体に手枷足枷をつけ続けたのです。

〝立法爆発[*1]〟と呼ばれる現象が起き、一九七〇～八〇年代には約一〇〇〇本前後に過ぎなかった法律数が約二〇〇〇本に倍増し、それに伴って許認可権などの規制権限も増加していきました。一部の歳出抑制時期を除いて、一般会計予算も拡大を続けることになり、さまざまな事業が新たに作られていくことになりました。そして、その大半はご立派な大義名分が伴う形で「国民のために」と増加・拡大していったのです。

『巨人の星』というマンガ・アニメがあります。梶原一騎の原作マンガは一九六〇～七〇年代に描かれた古い作品ですが、アニメは続編が作られ続け、再放送とともに、世代を超えて知られています。

主人公の星飛《ひ》雄馬《ゆうま》は、父・一徹より野球のスパルタ教育を受けます。息子を優れたピッチャーに育てるために父が考案した秘密兵器、それは「大リーグボール養成ギプス」でした。ギプスをつければ体が思うように動かず、ハンデとなります。しかし、そのハンデをつけた状態で普段練習すれば、ギプスを外したときに剛速球が投げられるという理屈です。主人公が「動けねえ」と苦しんでいた姿は印象的でした。

日本はギプスをつけた星飛雄馬です。いや、飛雄馬はいつでもギプスを外すことができますが、今の日本はギプスを外すことはもちろん、どんどん強力になっていくギプスに抵抗できずに、まったく身動きが取れなくなっている状態です。つまり、筋力トレーニングにもなっていない。だから、いち早く取り外すことが必要なのです。

レーガン時代に減税し、クリントンの増税を阻止したアメリカと、増える一方の税金と規制に苦しむ日本、その差が、復活したアメリカと沈んだ日本の違いを生んでいるのです。

トランプ大統領の誕生――敵の敵は味方

二四年ぶりに出た保守派の大統領トランプは、就任後に何を行ったでしょうか。

日本では、トランプが大統領候補であった頃から、トランプ報道は圧倒的にネガティブでした。キワモノ、人種差別主義者、何も考えずにポンポンとトンデモ発言をする、パフォーマンス過剰の大金持ち――。最後だけは本当ですが、キワモノが間違って大統領になってしまったわけではありません。

ドナルド・トランプは、共和党にとっては、当初はアウトサイダー、外から入ってきた異分子でした。

主流派の腐った人たちは、常にワシントン（日本の永田町に相当）にいて、自分たちのお仲間サークルの中から候補者を選んだり、籠絡《ろうらく》したり、都合がいい大統領を選び続けてきました。

保守派は彼らの腐敗ぶりをずっと見続けて、苦々しく思っていたのです。そんなときに現れたのがトランプでした。新顔の手垢のついていない（キャラは濃いですが）政治的にニュートラルなトランプに、「これで主流派をぶっ飛ばしてやれ。税金を下げる大統領が生まれるかもしれない」と期待しました。

トランプもまた、人気テレビ番組のホスト役を務めるなどしていた知名度を生かして立候補し、党内予備選挙戦を勝ち抜きましたが、本選に入ってヒラリー・クリントンとの一騎打ちになると世論調査が伸び悩み、苦戦していました。

そんなトランプを支え続けたのが保守派で、両者が組み、大統領選挙本選を勝ち抜き、トランプ大統領が誕生したのです。保守派も、当初はトランプの破天荒な言動に眉をひそめていましたが、敵の敵は味方です。民主党そして共和党主流派を下すために、トランプを利用する賭けに出ました。保守派はトランプに政策、運動力、資金を提供し、その選挙運動の中核を担ったのです。

そして、二〇一六年のトランプ大統領当選時点では、上院も下院も共和党が多数派を占めていましたから、トランプは税金を下げろ連合の求めに応じて、どんどん改革していきました。

最大の功績は「二対一ルール」

僕はアメリカ共和党保守派の人に次のように尋ねたことがあります。

「トランプ大統領のやったことで、今までで何が一番すごかった?」

すると、開口一番、こう答えました。

「減税だよね」

そして、もったいぶったように間を置いた後、勝ち誇ったように、こう続けました。

「ふふん。でも、お前、日本人だから知らないと思うんだけど、トランプ大統領の一番すごい功績は、二対一ルールなんだぜ」

「二対一ルール」を聞いたことがない人が多いと思うので、説明します。

これはトランプ大統領が就任直後に出した大統領令で、一言で言うと、「新しい規制を一つ作りたかったら、いらない規制を二つ廃止しろ」というルールです。つまり、トランプ大統領は、規制廃止をアメリカ各省庁の役人にやらせたのです。

役人というのは、細かいことを延々と議論する性質を持った人々です。

日本で、二〇一七～一八年にかけて「国家戦略特別区域制度」の名のもとに加計学園グループの岡山理科大学の獣医学部の新設が進められたことに関して、延々と、すったもんだの議論が繰り広げられていたことは記憶に新しいと思います。そもそも、獣医学部を一つ作るかどうかの何が「国家戦略」なのか、大いに疑問です。そして、このやり方をやっている限り、いたずらに時間と労力を浪費し、新しく出来上がる規制を、廃止する規制が上回ることは困難でしょう。

「規制を廃止しろ」と言うと、役人は、ひとつひとつの規制が、なぜ必要なのかを、とうとうと語り始めます。それは日本もアメリカも同じ。しかし、一つ新しい規制をどうしても作りたいのなら、いらない規制を二つ持ってこいと言うと、役人は、どれがいらないか白状するのです。

役人がなぜ規制を作りたがるか。それは自分の実績になり、出世や天下りにつながるからです。作成者は、その規制や関連法案に関するエキスパートですから、その分野の専門家として一目置かれることになります。

役人がなぜ規制を守ろうとするか。それは先輩の功績だからです。今現在、先輩がそれで飯を食っているかもしれませんし、まして規制を廃止して先輩の面子を潰すことなど怖くてできません。

そのため、放っておけば、役人は今ある規制を守りながら、新しい規制を作り出します。しかし、二対一ルールがあれば、自分の実績を作るために、過去のいらない規制廃止に取り組みます。それが役人です。たとえ先輩を裏切ることになっても、背に腹は替えられません。

そういう役人の習性をうまく利用して、二対一ルールを徹底させ、トランプ大統領は次々と規制を廃止・延期しました。

写真を見てください（64ページ）。「こんなに規制を廃止してやるぞ」と、山積みの書類とともにトランプ大統領が写っています。

この「二対一ルール」ですが、実は、一つ新しい規制を作るために、二つどころか、はる

規制に関する紙の束の前で赤いテープをカットするトランプ大統領。赤いテープは規制の象徴。同政権は、1000 以上の規制をキャンセル、または延期したことを記者会見でアピールした（2017 年 12 月 14 日）。
THE DAILY SIGNAL. December 15, 2017 “4 Big Signs of a Trump Economic Recovery”

かに多くの規制を同時に廃止しています。

　というのも、「二対一」は規制の数だけでなく、規制の経済効果で測られているからです。厳密に言うと、「新しく作る規制の経済損失は、廃止する古い規制の経済損失以上であってはならない」という話なのです。

　あるとき、トランプは豪語しました。「新しい規制一つにつき二二の規制を廃止した」。

　これはホワイトハウスの自己申告の数字ではありますが、数え方によって数字自体はマチマチです。二〇一七年から二〇一九年までの合算で、新設一つにつき八個の規制が廃止されています[*2]。

　このことからも、役人は、それなりのインセンティブを与えてやれば、自ら進んでいらない規制を探してくれるということがわかります。

　そして、規制廃止だけではなく、トランプが減税にも励んだことは言うまでもありません。

しかも、アメリカ史上、最も減税率が大きく「トランプ減税」と呼ばれます。

「レーガンを超えた（オレは偉大だ！）」とトランプの声が聞こえるようです。

中間選挙での三つの敗因

　トランプ政権の最初の二年間は、「税金を下げろ連合」はやりたい放題できました。この二年間のうちにトランプは大幅減税と大量の規制廃止を行いました。オバマ時代の規制をことごとく廃止。特にエネルギー規制を廃止したことによって、アメリカは石油の輸出国になりました。新しい産業を一つ興したのです。

　ところが、二〇一八年の中間選挙で下院の共和党優位を覆されてしまいました。これで大統領・上院・下院のトリプル共和党状態は崩れ、それ以後は、前半の二年間のように重要な政策をガンガン進められなくなったのです。

　ところで、トランプは二年間でこれほどの成果を収めながら、なぜ共和党は中間選挙で負けたのでしょうか。

理由① お金の問題

いくつか理由がありますが、一つはお金の問題です。選挙技術は進歩していて、その点では民主党が常にリードしています。以前は、大口の献金が圧倒的でしたが、最近は小口のネット献金が増えています。そして、これを集めるのが民主党のほうがうまいのです。下院は二年ごとに選挙がありますが、ネット献金の集金額は、毎回、約二倍に増加しています。

アメリカの選挙は献金額でほぼ決まると言っても過言ではありません。献金を受け、それで広告を打ちまくる。それによって支持率が増す。また、支持者自身が自ら運動員となって、各家庭を回るという二重構造になっているのです。そこは民主党のほうが一枚上手です。

理由② トランプの強烈なキャラ

もう一つは、トランプのキャラが強烈すぎる点にあります。トランプが大統領に就任してからのアメリカは、経済は好調、雇用は改善し、マイノリティの失業率は史上最低になりました。つまり、トランプが行った政策は吉と出たのです。もちろん、共和党の人たちはトランプを支持しました。しかし、民主党や民主党寄りの人々には、その派手な言動で世間を騒がすトランプを毛嫌いする人が大勢いたのです。実際、トランプ大統領を倒すためだけに、献金している人たちもけっこういると聞きます。トランプ大統領がもう少しマイルドな人だったら、二〇一八年の中間選挙にも勝っていたと思います。

大統領当選後も、「利権をよこせ連合」および、その代弁者である大メディアは「トランプ暴走」などと、トランプのメチャクチャぶりを強調した報道をしていました。日本における報道も、たいてい、そのコピーです。

しかし、トランプ大統領の政策は共和党保守派の意向に沿ったものであって、根拠があり、筋道が立っていて、しかも結果を伴ったものです。日本でのマスコミ報道を見ていると、アクの強いトランプのキャラが悪目立ちしていますが、アメリカの主要メディアも同様です。トランプ側に立った報道をする保守系メディアもあるにはありますが、民主党側のほうがどうしても強い。

日本でも、キワモノと思われていた「ＮＨＫから国民を守る党」が国政に進出できるほど、マスコミ批判が高まっていますが、アメリカの大メディアも既得権益の一種です。また、米主要メディアは基本的に民主党側で、リベラルな大学教授と提携し、トランプの政策、言動はすべてマイナス方向に偏向報道されます。なかでもＣＮＮは、共和党保守派からはその頭文字をパロディ化して「クリントン・ニュース・ネットワーク」などと皮肉られています。

一般の人々のトランプに対する見方は分かれていました。経済が好調なので、よしとする人がいる一方で、経済が好調でもダメとする人もいる。これはテレビの影響でしょう。やはり、いまだにテレビを信じる人たちもいるのです。そこの既得権を壊すことはできなかったということです。

もっとも、僕にしても、トランプのイメージは金持ちのジャイアンといったところ。マンガ『ドラえもん』のガキ大将ジャイアンは、乱暴だけど、気のいいところもあるし、何より行動力があります。トランプも、人々を豊かにするという基本政策は律儀にこなしているのですが、「あいつジャイアンだしな」。そんなところが、たぶん問題です。

ただ、これは中間選挙に負けた理由の一つであると同時に、これによってトランプが二年間で快挙をなしとげたとも言えるので、評価は難しいところです。

というのは、トランプの派手な言動が新聞紙面やＴＶを埋め尽くし、本来なら大騒ぎされるような政策論争がほとんど行われなかったという面があるからです。誰も知らない間に、どさくさに紛れて通常なら達成困難なことを実現してしまったのがトランプでした。

トランプ政権について詳しくは、拙著『メディアが絶対に知らない２０２０年の米国と日本』（ＰＨＰ新書、二〇二〇年）を参照してください。

理由③　トランプが働きすぎた

三つめの敗因は、トランプが働きすぎたことです。トランプは最初の二年で、やるべきことをほとんどやってしまいました。

二〇一六年の大統領戦のとき、トランプ大統領のスローガンは「アメリカをもう一回偉大にする（Make America Great Again）」でした。トランプ大統領は、年に一回の保守派の大会で演説しますが、二〇一八年の大会では最初の二年間で重要な政策をほとんどこなしてしまったので、「もういろいろやってしまったけれど、飽きたなどと言わず、中間選挙で投票してください」と言うしかありませんでした。スローガンも「アメリカを偉大な国として保つ（Keep America Great）」です。

そのぐらい、トランプは重要な政策についてはやり終えていました。したがって支持者のほうに、これ以上がんばるという情熱がなかった。つまり、保守派の有権者が若干サボってしまったのです。

トランプは、良くも悪くも政治家ではありませんでした。やはり経営者なのです。自分の決めた経営目標はきちんと達成する。選挙のときにマニフェストを出して有権者と契約したから、その契約内容に関しては、最善をつくして履行するよう、がんばった。

普通の政治家は、約束しても、がんばりません。延々と何年経っても「次回、がんばります」と言い続け、お気持ち詐欺を繰り返します。しかし、トランプ大統領の場合は、真面目にやったら二年で終わってしまった。逆に、真面目にやれば、二年で、これだけのことができるのですね。

正しく真似る

「アメリカで流行っている」
「アメリカではこんなふうにやっている」
「アメリカではこれが主流だ」

日本人は、アメリカのものが大好きです。映画や音楽ばかりでなく、仕事のやり方や、システム、学問など、アメリカで話題になったものは、すぐに日本に入ってきます。場合によってはアメリカ＝世界。「世界では……」と言われていることのほとんどは「アメリカでは……」と置き換えてもいいぐらいです。

しかし、「税金を下げろ連合」は入ってきませんでした。それ以外にも、僕の話すアメリカ事情は多くの日本人にとって初耳のようです。しかし、どれも特殊な裏情報ではなく、れっきとした表のアメリカの一面です。

なぜ、今まで日本に伝わらなかったのか。それは「税金を下げろ連合」の活動は保守派の運動だからです。

アメリカについて学ぼうとして日本人が行くところは大学です。そして、アメリカの大学の教授・研究者からすると、保守派（とその運動）は何か汚いもの、見ても触れてもいけないものなのです。大学の教員たち知識人は、自分は頭がいいから、社会を設計できると思っている人たちが多い。御用学者によくいるタイプですね。これは市場の力を信じる保守派とは真逆の思考です。

日本のアメリカ研究者は、アメリカの一流大学に留学し、先生（ほぼすべて民主党ないし民主党寄り）の指導を受けます。それらを、ありがたく頂戴し、「よし、これが最新のアメリカのやり方だ」と、日本へ持ち帰ってくる。そして、「アメリカではこうなんです」と言いながら、実際には、最新の増税の方法と、最新の天下りの確保の仕方を、各方面で指南しているわけです。

そこで並べられる政策は税金を使うことばかりで、払う人のことなど微塵も考えていません。そして予算が不足したら、「○○税が世界のトレンド」という言説をバラまき、国民から金を巻き上げようとします。最近では、アメリカですらやっていないような国際連帯税や炭素税すら吹聴するようになっています。

そのため、「税金を下げろ連合」の思想や運動、草の根民主主義は、日本人の目にも耳にも触れることはなく、日本に輸入されることもありませんでした。

日本の研究者に悪気はなかったと思います。それが増税と天下りにつながる作業になっているとは露ほども思わず、おそらく無自覚に、最新の素晴らしい方法だと思って日本に持ち帰っただけなのです。単純にそれがリベラル・大きな政府にかたよったものだと知らず、政府というものが社会問題を解決する万能薬だと思い込んでしまっただけです。

日本人は近代から現代にかけて、「(一等国に)追いつけ追い越せ」でやってきました。明治時代はヨーロッパ、第二次世界大戦以後はアメリカが目標でした。ジャパン・アズ・ナンバーワンと言われた頃も、「もはや学ぶものはない」などと言われはしたものの、相変わらずアメリカに多数の留学生が行き、アメリカスタンダードを取り入れようとする姿勢は変わりませんでした。今なお、そうです。

しかし、その「追いつけ追い越せ」が、ひたすら巨大な政府に追いつく作業をしていたということに、どれだけの人が気づいていた（る）でしょうか。

日本は、ただひたすらアメリカの巨大な政府を目指す人たちの言論と政策を輸入し続けていました。ここに、最大の問題があります。アメリカの最新の民主主義と思われているもの、それは実は、民主主義ではなく、設計主義です。政治家と官僚が世の中のすべてをコントロールできるのだという発想に基づいているのです。

もちろん、そこには「増税」の「ぞ」の字も、「天下り」の「あ」の字もありません。きれいな言葉で高邁《こうまい》な理想を語っています。いわば左翼ワードの「平和」や「人権」のようなもの。あの人たちに従っていては、平和も人権も守れませんが、その支持者や参加者のほとんどは大真面目です。

最新アメリカ情報を学んだ研究者もまた、「市民参加」などと謳いながら、その実、やっぱり天下りのための団体・組織を作っていたりします。次々と新しい官製ＮＰＯが作られて、予算がバラ撒かれるのがその象徴です。きれいな言葉で塗り固められたアメリカ人のウソを見抜けず、日本人アメリカ研究者はそのウソの再生産をする。このようにして、アメリカ型の保守派なき日本の五五年体制は肥大化を繰り返してきました。

学ぶことは重要ですが、自分が何を学んで、何をしているのか、もう少し考えたほうがいいと思います。

＊1 立法爆発
「近年の『立法爆発』で法律は『スパゲティ状態』の限界に」（「法と経済のジャーナル」二〇一五年九月一八日、富士通総研 経済研究所 主席研究員 榎並利博）

＊2 Regulatory Reform under Executive Order 13771: Final Accounting for Fiscal Year 2019

第二章

「税金を下げろ連合」全員集合！

社会保障費は大丈夫？

「税金を下げて社会保障費は大丈夫なの？」

そう思った人は、発想の転換が必要です。

世の中には、増税は必要だと思い込まされている人がたくさんいます。「利権をよこせ連合」の一員でない普通の人も、こと税金に関しては、「利権をよこせ連合」にまんまと騙されています。

「一億円のダイヤの指輪が欲しいわ」

妻でも愛人でも、馴染みのホスト・ホステスでもかまいません。このように高額のおねだりをされて、言われたままお金を出しますか？

普通は次の一言で終わりです。

「オレの給料をいくらだと思っているんだ！」

社会保障費のために税金を払わなければならないと思っている人は、言われるままに自分の年収よりはるかに高い「一億円のダイヤの指輪」をローンを組んで購入しようとしているのと同じです。

役人は「欲しい」とは言わず「必要だ」と言います。社会保障費も彼らの口実に過ぎません。そんな、使う側の主張に合わせて、税金は増えるばかり。今、有権者は、政治家や官僚の「これも必要だ」「あれも必要だ」に対して、おとなしく税金を払っていますが、政治家や官僚の要求は無限です。それに合わせて税金を払っていてはキリがありません。

有権者ははっきりと主張しなければいけません。

「オレの給料をいくらだと思っているんだ！　今、払っている税金は、多すぎる。減らせ！お前たち、節約しろ！」

穴の開いたバケツに水は溜まらない

このとき、財務省は実は強い味方になります。現在、彼らは「いくらでも無限大に増税できる」と思っているので、「お金が足りないから増税する」と国民に伝えるのですが、国民の意思が増税に対して絶対にＮＯであることが明らかになれば、歳入を絞ることによって政府は不必要なものを削減・廃止していく方向で帳尻を合わせるように動きます。国民が増税派に対して隙を見せれば財務省は国民に増税をねじ込んできますが、それをしなければ基本的にお金がある範囲で真面目に働くことを志向する習性があります。

したがって、歳入を絞らず、増税を許し、「行政改革をしろ」と言っても、政府は絶対に改革を行いません。税金が増えて無駄遣いができるとなれば、改革の必要性を感じなくなり、行政改革はますます遠のくのです。ですから、「増税させてやるから、行政改革しろ」は、おかしな論理です。

税金を絞ってはじめて、官僚は「実はこれ、いらないんです」と白状するのです。前述の二対一ルールと同じです。

穴の開いたバケツに水は溜まりません。水を注いでも注いでも、漏れるだけ。そのことを肝に命じておきましょう。

「税金を下げろ連合」ってどんな人？

さて、税金を下げ、規制を減らすためには、仲間を増やす必要があります。しかし、自分が「税金を下げろ連合」予備軍であることに気がついていない人が、大勢います。みなさんが普段不満に思っていることも、僕たちの活動に参加することで、実は、改善できるかもしれません。

潜在的には、相当数の「税金を下げろ連合」予備軍がいますが、多くの仲間が眠っています。仲間を集めるためには、まず有権者として目覚めてもらう必要があります。

第一章でも話したように五〇〇～一〇〇〇円の税金を払っても、たいして痛みを伴わないので、声を上げて活動するほどの動機がない（と思っている）のです。

規制に関しても、「これ、ウゼーな」と思ってはいても、「ルールだから仕方がない」とたいていの人が従っています。しかし、本当は「ウゼーな」どころの話ではなく、規制は日本経済をダメにしている癌なのです。従っている人たちの多くは、そもそもルールがおかしくても、それが変えられるとは思っていません。

「税金を下げろ」とは特別過激なことを言っているわけではなく、ほとんどの人が望んでいることを実現しようとしているのです。

「税金を下げろ連合」のメンバーとは、簡単にまとめれば「税金を下げろ」「規制をなくせ」と思っている人全員なのですが、本章では、それをわかっていただくために、もう少し細かくカテゴリー分けして確認していきます。

買い物をする人

「○○税」とは、「税」という名称をつけ、当然払わなければならないかのような体《てい》をとっていますが、はっきり言って罰金です。

「消費税」とは、買い物をしたら罰金という制度です。

買い物しなければ、払わなくていいわけですが、買い物をしないで生きていくのはほとんど不可能です。

日常的にしなければならない行為に罰金が科されているのですから、可処分所得が実質的に大きく下がります。これによって、国内市場は小さくなるし、雇用も失われます。

まず買い物をするたびに罰金を払わされることに対して疑問を持ちましょう。そして、「消費税をなくせ！」と声を上げてください。そうしたら、あなたはもう「税金を下げろ連合」の一員です。

サラリーマン

サラリーマンは所得税が一〇〇%捕捉されています。所得税と手取りが、完全にリンクしているので、所得税が下がると手取りが確実に増えます。

なおかつ、増える一方の社会保険料を払わされています。八〇年代末から約三〇年、家計収入はほぼ横ばいなのに、社会保険料は倍近くになっています[*1]。つまり、僕ら世代（二〇二〇年現在で四〇代）の社会保険料負担額は祖父や父の時代と比べて、大幅に増加しているのです。消費税を上げれば社会保険料は上がらないというのは幻想でした。

社会保険料も税の一つです。賃金が上がらないのに、税ばかりが増えていく。手取りを増やしたいサラリーマンのみなさん、声を上げましょう。これで、あなたも「税金を下げろ連合」の仲間です。

個人投資家

かつて、日本企業は互いに株式を持ち合うことによって、外部の干渉を排除してきました。これによって安定経営ができた一面、その他の投資家の利益をまったく無視する構造となっていました。しかし、バブル崩壊とともに保有株が損失をもたらし、持ち株がお荷物になってきたので売却され始め、株式の持ち合い構造が崩れました。

そうなると、誰がその株を買うのかが問題です。心情的には海外の機関投資家に買われて干渉されるより、国内の個人投資家に買ってもらいたいものです。

「個人投資家を育てよう」と国は言ってきました。しかし、本当に増やす気があるのでしょうか。日本のキャピタルゲインに対する課税率は約二〇％、シンガポールの無課税は例外的として、英米に比べても大変に高い。英米は累進性なので、投資一般に関して、一概に比較できませんが、「個人投資家」という括りで考えるなら高い。[*2] ＮＩＳＡ（小額投資非課税制度）の利用率は増加しているものの、税率自体を引き下げるべきです。暗号資産に関する税制も、極めて不合理かつ高額課税のままの状態になっています。

個人投資家は国の宝です。個人投資を盛んにすれば、経済は活性化します。したがって、キャピタルゲインに対する税率をもっと低くしていくべきです。

これに賛同する、投資家のあなたも、やはり「税金を下げろ連合」の仲間です。

自動車に乗る人

日本の自動車関連課税は大変に高い。購入時に消費税がかかることはもちろん、維持するだけで、自動車税、自動車重量税がかかります。そして、走ればガソリン税がかかります。しかも、炭素税なるものを導入しようとする動きもあり、ガソリンがさらに高くなります。

地方では公共交通機関網が都会ほど網羅されておらず、自動車がないと生活しにくいところが多くあります。そのため、自動車関連税は地方の人により重くのしかかる税金です。実際、新型コロナウイルスの給付金一〇万円がそのまま自動車関連の費用に消えた人も少なくないはずです。

地方交付税やさまざまな補助金が国から地方に交付されていて、国が集めた税金が地方に降っている形なので、地方の人は特に税がないと暮らせないと思っているかもしれませんが、その一方でこの自動車税のように、たくさん払わされている税もあるのです。本来、払う税金が少なければ、その分、援助も少なくていいはずです。

もちろん、自動車に乗るのは地方の人ばかりではありません。それに、自動車を所有しない人もバスやタクシーには乗るでしょう。そして、経費がかさめば、めぐりめぐって高い料金を払わされることになります。

つまり、ほとんど全員が何らかの形で該当の税負担をしていることになります。

自動車関連課税に憤りを感じる人、あなたも「税金を下げろ連合」の一人です。

東北の復興を願う人

二〇一一年、東日本大震災で東北地方に大きな被害が出ると、あろうことか復興特別税が課せられるようになりました。

東北を復興させるために増税するとはどういうことでしょうか。復興させるためなら、減税するのが筋でしょう。例えば東北地方をしばらく無税にしたとします。今とはまったく違う大発展を遂げた可能性があります。

また、あの大地震では東北を中心とした広域災害です。全国民が大なり小なり被害を受けたと言ってもいいでしょう。そんな国民に増税⁉

政府は完全に狂っているとしか思えません。もっとも「利権をよこせ連合」の人たちとしては、してやったりです。復興予算は、日本中にありとあらゆる関係ないバラマキ事業に流用されてきたのですから。

増税して復興しますと言って、（しかも全然関係ないところに）バラ撒く。「復興」も名目だけなのです。震災で人が苦しんでいるのをこれ幸いと、大義名分を振りかざして、取れるものは取る。その実、集まった税金は「利権をよこせ連合」の人たちが、自らのポケットに入れるだけなのです。実際に「横流し」されて問題になっていましたが、あれは、たまたま悪い人が悪いことをしたのではなく、やつらは最初からそのつもり。「えっ、そういうもんじゃないの？」ぐらいの感覚です。

僕は当時、ある補助金をぶんどる算段をする会議に呼ばれていきましたが、「どうも今なら補正予算に何でも入るらしいよ。何かアイデアがあったら何でも言ってくれ」と言われたことがあります。

そんな「復興税」で東北が豊かになるわけがありません。そんなことを許していていいのでしょうか。だんだん義憤に燃えてきましたか。そんなあなたも「税金を下げろ連合」です。

高齢者

僕たちは、生きている間に所得税というものを払っています。そして他界すると、今度は家族が故人の財産を取得するために、相続税を払わなければなりません。他界する前に孫にあげようと思っても贈与税がかかります。

なぜ、同じものに関して何度も税金を払わなければならないのでしょうか。自分の子や孫にお金をあげるのに、なぜ税金を取られなければならないのか。まさに意味不明。不当な二重課税です。

日本では「高齢者のために社会保障が必要だ」などと叫ばれていますが、この国は貧乏な高齢者であふれているわけではありません。格差社会などと言われてはいますが、一億総中流の名残はまだあり、基本的に高齢者の小金持ちが多いのが日本という国です。

「金持ちから取ればいいんだ～」

「そうだ、そうだ」

などと言って、実は自分が取られる側にいることに気づいていない人のなんと多いことか。

実際に、金融資産の多くは高齢者が持っているのです。高齢者同士で資産に差がつくのは、それまでの人生の差なのである程度許容されるべきです。もし、今の日本に格差の問題があるとすれば、それは世代間格差の大きさです。長年のデフレによって豊かになれない若者が多いのだから、世代間の富の移動がスムーズに行われる策が、今こそ必要です。

金持ち高齢者の資金が若い人たちに回るように、相続税・贈与税は廃止すべきです。これに賛同するあなた、立派な「税金を下げろ連合」の一員です。

NHKの受信料を払いたくない人

NHKの受信料も実質的には税です。

二〇一三年、立花孝志さんが「NHKから国民を守る党（N国）」を立ち上げ、徐々に地方議会に議席を増やし、一九年の参議院議員選挙では国政への進出を果たしました。

ＮＨＫも他の放送局同様に一放送局として同じ土俵で競争すればいい（むしろ、電波オークションを導入し、ＮＨＫにも民放にも電波の周波数帯の利用権料を払わせることができればベスト）。見る人が見たい番組を選ぶ。競争力のない放送局は淘汰される。それでいいではありませんか。ＮＨＫだけを保護する必要性はありません――。これが、Ｎ国の目指すところかと思います。

ＮＨＫに対する批判の主なトーンは、「ＮＨＫは偏向報道をしている。内部は腐敗している。国民から受信料を取っておいて、これは何だ～」という感じですよね。

しかし、そもそも公平な報道とは何でしょう？　そんなもの、あり得るのでしょうか。何かを言ったら、発言者あるいは番組作成者の主張・思いが、どうしても出てくるものです。完全な中立・公平はあり得ません。だったら民放で十分です。

改めてＮＨＫ受信料なんか払いたくないと思った人、あなたはもう「税金を下げろ連合」の一人です。

ところで、Ｎ国が参議院入りしたということは、ＮＨＫの受信料を払いたくない人たちが、一〇〇万人程度はいるということです。Ｎ国に投票した人、あなたも「税金を下げろ連合」の一人。もしＮ国が「すべての増税に反対する党」になったら、将来、与党になる可能性もゼロではありません。

税金＝規制

ところでみなさん、税金と規制は別物だと思っていないでしょうか。

規制とは、政府が法律や条例を定めて人々の行いに介入してくることです。「これは禁止」「あれも禁止」ですから、「モノを買ったら罰金」「車を走らせたら罰金」と同じ性質のものです。言い換えれば、「税」は重量課金性の規制です。

ところで、「増税」は大きく報道され、社会問題化しますが、規制が一つできたところで業界人ぐらいしか気づきません。それで「規制」のほうは、一般の人には、馴染みがやや薄い。そこが「利権をよこせ連合」にとっては狙い所です。税金という手を使わずに、個人や企業に規制をかけることによって、「利権」をむさぼり、結果として製品やサービスの価格が上がっています。差額を最終的に負担するのは消費者です。アメリカの場合は規制も税金の一つとして、その規制が社会にもたらす経済損失も換算されています。

税金は規制の一種であり、規制は隠れた税金であることがおわかりいただけたでしょうか。

表現規制反対派

隠れた税金であるさまざまな規制の中には、ヒマ人の思いつきのような規制もあります。

例えば青少年健全育成条例は、青少年の夜間外出を禁止したり、有害図書を青少年に販売することを禁止する条例です。確かに子どもが夜中にウロウロしないほうがいいとは思いますが、そんなものは家庭のしつけの問題です。また同人誌を含めた表現に対する規制など、憲法違反の可能性すらあり論外です。コミックマーケット（コミケ）などで活況を呈している同人誌市場をつぶす愚挙そのものです。

また、二〇二〇年四月一日、香川県が一八歳未満の子どものゲームを、一日一時間に制限する条例を出しました。それこそ、「放っておいてくれ」です。子どもが一日中ゲームばかりしていることがよいとは思いません。しかし、国や地方公共団体が規制することでしょうか。規制して効果があるのでしょうか。効果があったら逆に怖い。各家庭が監視されているということですから。

青少年健全育成条例やゲーム規制条例など、愚かな規制が作られるのは、役人が税金をもてあましているからです。

つまり、税金を与えるから、どんどん規制を考え、いろいろなものを規制する仕事の人たちが出てくるのです。逆に、税金さえ与えなければ、新しい規制を作る余裕などなくなります。そして、規制を作るという発想そのものが出てこなくなります。

ですから、〇〇規制を廃止したいと思っている人は「税金を下げろ」に共感できるはずですし、逆に減税派は同時に規制廃止派となります。

みんな「税金を下げろ連合」の一員です。

小金を稼ぎたい人

シェアリングエコノミー（シェアエコ）を支持する人も「税金を下げろ連合」の一員です。シェアリングエコノミーとは、カーシェアリングやクラウドファンディングに代表される活動で、「政府」ではなく、普通の人ができることを行っていく、いわば、助け合い経済です。

カーシェアリングの世界ではウーバー（Uber）が有名です。ウーバーとは、アメリカの企業ウーバー・テクノロジーズが運営するアプリで、普通のドライバーが自家用車で空き時間に他人を運んで小遣い稼ぎをしたりできる仕組みとなっているものです。

これが日本でできなかったのは、タクシーの規制があるからです。だいたい地方に行くとタクシー会社は地元の名士が経営しています。そして、その人々は自民党の主要な支持基盤なのです。ウーバーはタクシー業界の秩序を破壊するようなサービスですから、これが大々的に日本に上陸することを自民党が許すはずがありません。

しかし、シェアエコは、普通の人が可処分所得を上げて、豊かになるための機会です。

ウーバーのシステムを使えば、車を持っている人が、お金を稼げるようになります。従来、自家用車はとにかく金食い虫でした。税金や保険ほかの維持費はかかる。都会では駐車場代も高い。四年に一度の車検代もバカにならない。走ったらガソリン代もかかる。

それが、ウーバーにドライバーとして参加すれば、空き時間に車を使って小金が稼げるようになるのです。また、タクシー会社すら存続できない人口減が起きている地域では、重要な地域の足として機能します。

民泊もそうです。空いているアパートや部屋を貸して収入につなげることができます。

そして、消費者にとっては選択の幅が広がり、競争によって向上したサービスを受けられます。消費者にしてみれば、タクシーだろうがウーバーだろうが、安くて便利なものを使いたい。

そういった可能性が規制によって奪われているのです。

タクシー業界など「利権をよこせ連合」が有力政治家と癒着し、ずっと利権を持ち続けたら、「税金を下げろ連合」は力を持てません。彼らに対抗して、彼らの秩序を破壊していく、つまり、「規制を廃止する」はイコール税金を下げることなのです。

この状態を何とかしたい。規制をなくしたい。そう思ったら僕たちと連携しましょう。そんなあなたは、もう「税金を下げろ連合」に入っています。

ベンチャー企業を起こしたい人、育てたい人

なぜ、日本からグーグルやアマゾン、フェイスブックやツイッターが出なかったのか。これもウーバーと同じです。すべて規制のせい。

図表5を見てください。世界の大企業ランキング、一九八〇年代末には上位を日本企業が占めていました。それが今はどうでしょう。上位から日本企業がすっかり消えています。二〇一九年現在、ようやく四二位にトヨタ自動車が入っています。「かろうじてトヨタが、がんばっている」と喜んでいる場合ではありません。なぜトヨタが、いつまでも日本一なのか。なぜ新しいもっと元気な企業が生まれないのか、それを問うべきです。

栄枯盛衰は世の習い。一九八〇年代アメリカのトップ企業ＩＢＭも、今はその名はランキングにありません。それでも、アメリカからは他の企業がわんさか生まれて、今や上位はア

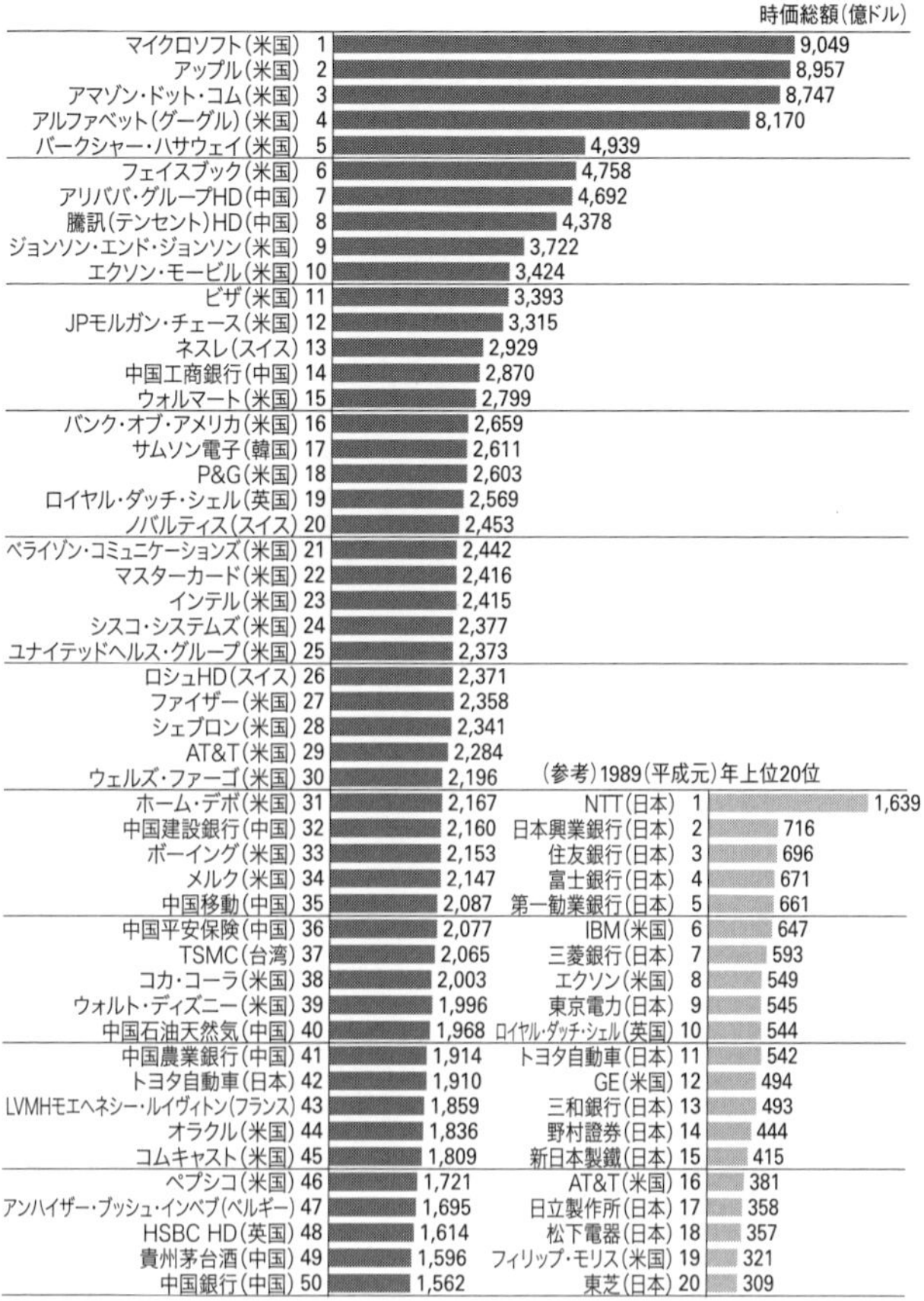

(注) 3月29日時点。HDはホールディング(ス)の略。P&Gはプロクター・アンド・ギャンブル、TSMCは台湾積体電路製造。(参考) 1989年データは米ビジネスウィーク誌(1989年7月17日号)による。

出所) 週刊ダイヤモンド(2019.5.18)、参考値はダイヤモンドオンライン(2018.8.20)
http://honkawa2.sakura.ne.jp/5410.html

図表5 世界の大企業ランキング(上位50位)(2019〈平成31〉年)

メリカ企業が占めています。

古い日本の大企業は日本では一番でも世界的には落ちていくばかり。規制に守られて儲けられるので、がんじがらめの日本からは新しいビジネスが生まれない。日本経済が沈下していくのも不思議ではありません。

実業家の堀江貴文さん（ホリエモン）は二〇〇六年に証券取引法違反で逮捕され、〇七年に実刑判決を受けました。僕は彼の罪状について詳細を存じ上げませんが、アイデアが豊富で有望な起業家を潰して何か日本経済にとって有益な意味があったでしょうか？

もちろん、独裁者が自分勝手に法を曲げて、メチャクチャな裁判をやったわけではないと思います。いちおう「法律」にのっとった正当な裁判です。そこが、逆に怖いところです。当時、新しい流れに夢を見た学生の中には「この国はダメだ。やはり公務員になろう」と思った人もいたんじゃないかと思います。

今の日本では、新しいビジネスを興した人が、ちょっと要領が悪くて、「お作法」を間違えて、「自分は悪くない」とがんばると、「こいつ生意気だ！」と潰されてしまう。これがまったく合法的に可能なのです。

この場合、問題は増えている規制、すでに存在する規制だけではなく、まだない規制にも

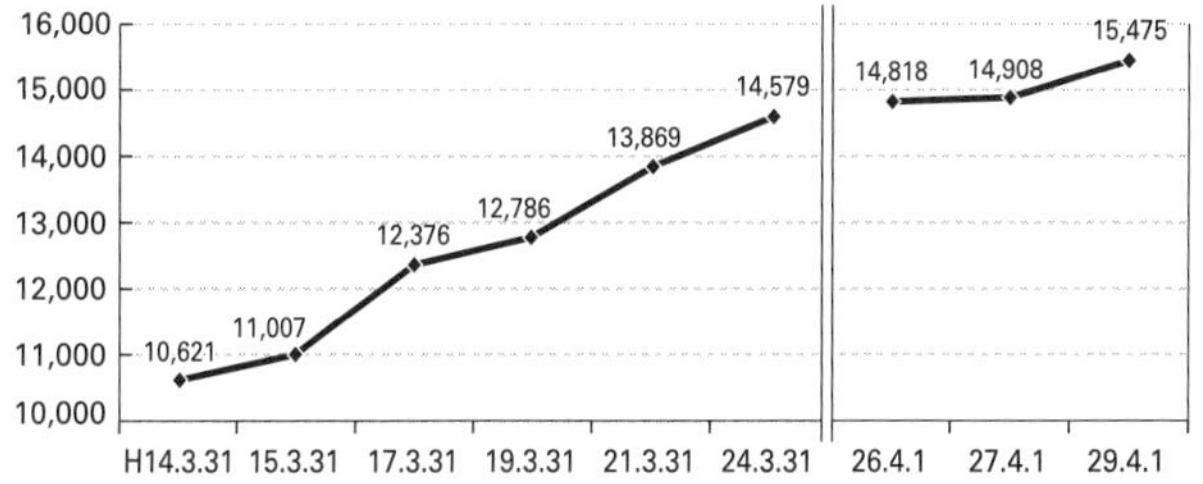

（注）複数の府省等が関係する許認可等について、平成24年3月31日現在までは、許認可等の処分権者ごとに数えており、25年4月1日現在以降（本表では、26年4月1日現在以降）は、許認可等の根拠法令を所管する府省等ごとに数えている。

出所）総務省行政評価局「許認可等の統一的把握の結果について」平成30年度6月より
https://www.soumu.go.jp/main_content/000557749.pdf

図表6　許認可等の根拠条項等数の推移

新参者は怯《おび》えなければいけないことです。

どういうことか。

明確な禁止事項としての「規制」は、図表6のようにもちろん増えているのですが、やっかいなのは、規制があるのかどうかわからないグレーゾーンです。

医療系ベンチャーの例

このグレーゾーンを象徴するような、ある医療系ベンチャー企業家Aさんの話をしましょう。

病院では、医師が患者に薬を出します。薬は日々、開発製造されますから、製薬会社の営業は各病院に自社製品を売り込みに行きます。営業に際して基準があり、法律で許可された営業方法を取らなければなりません。それは厚生労働省の外郭団体が作成しているガイドラインに書いてあります。

これだけでも「へ？」と思った人が多いと思います。

「営業の仕方なんてあるの？　どうでもいいじゃん」

まったくその通り。しかし、面倒くさいのはここからです。

Aさんは、病院のバックヤードに薄型のモニターを置いて、製薬会社の広告が出るシステムを開発しました。新しい営業方法ですから、ガイドラインには何も書いてありません。人対人の営業を前提として法律が作られていますから、薬のテレビ広告、しかもダイレクトに医者がいる医局に表示するという方法についてのガイドラインはなかったのです。

禁止されていないが、許可されてもいない。

ということは、起業家が無駄に規制リスクを取ってビジネスを進めるしかないのです。Aさんは、ガイドラインに加えてほしいと要望を出したのですが、ガイドラインを作成する外郭団体の担当者からは、なかなか返事が来ませんでした。

ここからは想像です。

Aさんのビジネスが大きくなったら、「それは規制にひっかかりますよ」と脅される。それを回避するために関係官庁から天下りを受け入れる。そうすると、「じゃあＯＫ」という話になったりする。

最初の段階ではグレーにしておいて、事業が大きくなったら、規制の対象にする。いわば、グレーの規制を設けて泳がせておいて、後の天下り先を育てるようなことをしている。

そんなグレーゾーンがいたるところに広がっていることも、ベンチャー企業家が事業を起こせない原因です。起業しようとすると、全部グレーになっているので、起業していいのかどうかさえ、わからない。

Aさんは弁護士を雇い入れながら、見切り発車しましたが、そこまででも、かなり面倒です。さらに、いつ規制されるかわからないビジネス、まかり間違えばホリエモンのように逮捕されて有罪判決を受けるかもしれない危険なことを、普通はやりません。

Aさんの顧客である製薬会社の対応もまちまちだったそうです。広告を出してくる製薬会社もあったし、いつ規制されるかわからないから金を出せないと言ってくる会社もありました。グレーゾーンが企業の成長を阻害したのです（ただし、結局、Aさんの事業は無事に運営されました）。

規制を片っ端から廃止していくことではじめて、新しい企業が出てきます。新しい企業・産業が興れば、雇用も増える。新産業・新企業は規制で成長したわけではないので、僕らの主張「税金を下げろ」もしくは「規制を少なくしろ」に対して賛同してくれる可能性が高い。そのような起業家・各分野のパイオニアを育てましょう。

ベンチャー企業を起こしたい人、あなたの利害は「税金を下げろ連合」の勝利と直結しています。

日本初の元気なベンチャーを見たい人、育てたい人、「税金を下げろ連合」を応援してください。

既存の役所の仕組みで、自由を奪われていると感じる人々

弱い産業と思われている農業にしても、規制や補助金だらけだから弱いのです。農協は流通・資材等の事実上の独占などさまざまな問題が指摘されており、日本の農業生産性の向上の足枷となったとされています。お米の生産調整を行う減反政策は、いたずらに稲作農家の生産性を低下させています。また、農地の転売規制があることで、農業生産の大規模化はなかなか進みません。なぜか。零細農家を保護する名目で、その役割を担うとされる農協が日本の農業生産の改革を遅らせてきたのです。

しかし、今では勢いがある新しい株式会社形式の農業生産法人事業などによって、今まで

の仕組みが見直される事例が生まれつつあります。そして、元気な事業体は農協に頼らなくても十分にやっていくことができるようになりつつあります。すなわち、農業で働いている人が悪いわけではなく、政府が作り出す規制と補助金の仕組みに問題があるのです。

教育もそう。

学校より民間の塾のほうが、ずっと教育内容がいい。学校の先生が「受験勉強は塾で教わってください」などと言うぐらいですから、それは明白です。

教育の質が悪いだけではありません。いじめによって自殺に追い込まれたり、不登校となって社会から排除されたり、学校によって安全や将来をおびやかされている子どもたちが数多くいます。学校に通っていると、下手すると殺されてしまうのです。

学校も民営化すればいい。もっと言えば、行かなくてもいい。もちろん行ってもいいですけれど。

そんなことを言うと、どこかから「学校は勉強するだけのところではなく、人間教育をするところだ」とか「集団行動を学ぶことが大事なのだ」などという声が聞こえてきそうです。

それなら、ボーイスカウトにでも入ったらいい。目的はいったい何なのでしょう？　そのために、今の学校が必要ですか？　それは別にやればいいのです。僕に言わせれば、勉強すら教えられない学校で、人間教育なんかできるわけがないし、やって欲しくもない。できない組織ができないことをやろうとするから、何もできない学校になるのです。

まして、これから求められる多様な価値観とスキルが身に付けられる教育など、こなせるわけがありません。誠意をもって真面目に教育に取り組んでいる学校の先生も、わけのわからない文科省からのお達しをこなしたり、日教組の取り組みに付き合わされたりして、本来は子どもと向き合うために費やされるべき時間が減ってしまい、生徒も先生も可哀想だと思います。

青少年健全育成条例の項で、意味のない規制を作っていると言いましたが、「利権をよこせ連合」からすると意味のない規制にも意味があるのです。不毛なことをさせられていると人間は次第に考える力を奪われていきます。そして、知らず知らずのうちに利権屋の仲間に入れられてしまうのです。学校の先生が真に子どものために働ける環境を作りましょう。

本当の働き方改革を求める人

小泉純一郎政権時代、経済財政政策担当大臣として竹中平蔵氏が取った政策に関して、いろいろと批判がありました。しかし、これを「新自由主義（ネオリベラリズム）」だとする批判は的外れです。

小泉政権は、さまざまな政策を行いましたが、ここでは雇用形態に絞って話します。「派遣制度」の批判者のうち、これを自由主義改革だと思っている人がいるので、ここで誤解を解いておきたいと思います。

小泉・竹中改革は自由や市場原理を導入したわけではありません。彼らは「正社員」と「アルバイト」だけでなく、「派遣」という新しい規制カテゴリーを拡充したのです。正社員を労働規制で保護しながら人件費を減らすには、これしかありませんでした。そして、「派遣」を拡充することは、正社員の労働組合と派遣産業の人たちの利権を守り育てるだけのことだったのです。

あの改革で労働環境が悪化したと思っているのは、「自由化」されたためではありません。あれは僕ら自由を求める「税金を下げろ連合」側の政策ではないのです。規制と補助金に守られた日本の大企業は無能な経営で競争力を低下させており、その中で正社員の労働組合を守りながら利益を出すには、「派遣」という新しい労働法の規制カテゴリーを拡充する必要があったというだけです。

当然ですが、旧来の規制構造と癒着した規制産業である派遣会社は儲かりました。

小泉・竹中改革は「税金を下げろ連合」の目指す路線とは全然違うものです。本当の自由化は、正社員と派遣とバイトの差別をなくすことです。すべて一律に金銭解雇でサクッといけば、同一賃金、同一労働となり、身分ではなく、仕事で働けるようになります。雇う側も解雇時の労働リスクがなくなるので、雇用がしやすくなります。これによって、平等に働く職場、本当の働き方改革が実現します。

そちらのほうがいいと思う人、あなたは「税金を下げろ連合」の仲間です。

真面目な官僚

ここまで官僚、役人をひとくくりに「利権をよこせ連合」に入れて話してきましたが、実は、一生懸命働いて過労で倒れている官僚も「税金を下げろ連合」の一員です。

日本の官僚には、国民に対する倫理観が強い人も少なくありません。当たり前のことだと思うかもしれませんが、これは外国との大きな違いです。真面目に誠意を持って日本がよくなるようにと働いてくれている人が大勢います。彼らは日本の宝です。だから「役所を批判するな。可哀想だろ」との声も理解できます。

しかし、彼らがなぜ過労で倒れるのでしょうか。それは、無駄な仕事が多いからです。公務員の過労死をなくすためにも、無駄を省いて、本当に世の中のために必要な仕事に従事できるようにしてあげることが大事なのではないでしょうか。そのためには税金を減らし、規制をなくし、余計な仕事自体を取り除く必要があります。

役所勤務でこの考えに賛同してくださる方、あなたも「税金を下げろ連合」の仲間です。

すべての税と規制に反対してこそ意味がある

具体的に「税金を下げろ連合」に当てはまる人を挙げてきましたが、これらの一つにでも賛同してくれる人は仲間です。仲間と思っていなかった人が、意外と仲間だったりしませんでしたか。

特に大事なのは、敵と味方を間違えないことです。細かな違いは気にせずに組める仲間とは組みましょう。敵の敵は確実に味方です。

強大な「利権をよこせ連合」に対抗して、「税金を下げろ連合」を可視化していかなければなりません。合意できる部分で、どんどん数を増やすのです。

やや細かく見てきましたが、要するに「税金を下げろ連合」とは、「利権をよこせ連合」

以外のすべてであり、以上の税金・準税金および規制にことごとく反対していくひと塊です。

「無党派層」はATM

「税金を下げろ連合」のカテゴリーは「具体的にこんな不利益を被《こうむ》っています」という人々でしたが、「無党派層」と呼ばれる人々も、潜在的に僕らの仲間です。

「無党派層」は、特定の党を支持しない人に対する政治家やメディア側の呼称で、積極的に「無党派」と思っている「無党派」は、実は、少ないかもしれません。しかし、かなり多くの国民が、事実上の無党派層です。

政治家にとって、無党派層は「存在していない」のと同じです。無党派層に対しては、選挙の前にちょっと街頭演説をしたり、ポスティング（ビラやチラシを各住戸に届ける行為）でもして働きかければよく、あとは「適当にワイドショーでも見てろ」と思っているのが一般の政治家です。

政治家は無党派層など相手にしていません。強いて言えば、政治家とつるんでいる官僚が無党派層に日常的に働きかけている場が記者クラブです。

記者クラブには大手メディアの記者たちが集います。そこでの発表は、テレビや新聞など、すべての大メディアで報じられます。読売だろうが、朝日だろうが、産経だろうが、内容はどこも大なり小なり同じ。ソースが同じなのですから、当たり前です。いわば、戦時中の大本営発表のようなもの。無党派層はこれがニュースだと思わされているわけです。

一方、「利権をよこせ連合」は、直接、永田町や霞が関に行って、生きた情報に接しています。陳情し、情報を提供し、これからできる規制や法律の内容を変更しています。つまり、彼らは発表前の原稿作成、いわば、台本づくりに携わっているのです。

すべての修正が済んで出来上がったシナリオを見せられるのが記者クラブ。それをまとめた（薄めた）ものを読んだり見たりしているのが無党派層です。

あれはニュース（新しいもの）と呼ぶに値しません。それを見聞きしても、もう何もできません。すでに決まったことなのです。その他大勢は、ただ従うだけ。そんなものをいくら読んでも賢くなどなりません。

「オレは毎日、新聞を読んで、ニュースを見ている」と、それで世の中の勉強をしている気になっている人たちがいますが、みんな騙されています。

ついでに言うと、政治関係者（政治家・官僚）は、無党派層のことを〝いくらでも金が引き出せるＡＴＭ〟と思っています。広く薄く課税し続ければ、どんなに取り上げても、「税金を下げろ」などと言ってこない。まさか「税金を下げろ連合」のような形を作って、ひと塊になってアプローチをしてくることはないと高をくくっています。

事務所に「私、無党派層です」と言って来る人はいません。たとえ行っても無視されるか適当にあしらわれるだけです。政治家としては支持者でも何でもない人を相手になどしません。支持者でも、「利権をよこせ連合」の団体と関係がなければ相手にしてもらえないこともあるくらいですから、なおさらです。

棄民よ、目覚めよ

はっきり言って無党派層の人は、政治家と役所から「棄民」されているのです。「最低限の飯は食わしてやる。だが、お前たちは基本的にＡＴＭだ」と。それが、無党派層に対する政治サイドの見方です。

無党派層は、これに対して、もっと怒るべきです。

「それなら、いっそのこと放っておいてくれよ」

そして、あきらめや無関心から何もしない方向に行くのでなく、僕らの連合に入って一緒に活動しましょう。

今や、日本国民のかなりの数が無党派層です。世論調査では三〇〜四〇％と出てきますが、僕はもう少し多い、六〇〜七〇％と考えています。

それぞれの党の支持率は、常時、上がったり下がったりしています。これはつまり、そこでスイングしている「支持者」というのは、その政党の本気の支持者ではないことを意味しています。すなわち、無党派層です。

そこを計算に入れると、「利権をよこせ連合」は、実は、全体の二〜三割しかおらず、「税金を下げろ連合」は六〜七割もいる。こちらのほうが多数派なのです。

ただ、ほとんどの味方は、本当の意味で目覚めておらず、無自覚なままＡＴＭになっている。そこをさらに目覚めさせて「税金を下げろ連合」を形成することが課題です。

「御用学者」に騙されない

「あいつらは税金下げろしか言わない。そんなことしたら財源はどうなる。何も考えていないやつらだ」

こんなことを言う御用学者がいます。これは相手にしなくてもいいです。

今年（二〇二〇年）、コロナ騒動にかこつけて、和牛券を配ろうとしてロビー活動を行った団体がありました。彼らは業界に利益誘導する、そのたった一つの目標のために、「補助金よこせ」運動をしていました。「機を見るに敏である」ことは圧力団体としては立派です。自分の業界のことしか考えない連中は「利権をよこせ連合」の中に腐るほどいますが、御用学者は、「そればかり言っている。財源はどうする。何も考えていないやつらだ」などと批判しません。なぜか……。御用学者が攻撃的に反応するのは減税に対してのみです。

政治へのアプローチは、すべてシングルイシューです。「これをやってくれ」という、ただ一つの要求が、ほうぼうから集まってくる。そして政治が、それをガラガラポンして、最終的に「実行する」「実行しない」「これはこの程度」などと決めるのです。

・消費税を下げる
・所得税を下げる
・社会保険料を下げる

一般有権者もまたシングルイシューで、下げたい税金やなくしたい規制に関して、ガンガン政治家に打ち込んでいけばいいのです。その上で、政治家が結論を出す。

ですから、「それだけ言っていてはいけない」「全体のバランスを見なくては」という御用学者は全部無視していい。それは政治家が考えることであって、有権者がそこを考慮して要求を引っ込める必要はありません。

官僚や政治家の側は、減税を目指して一点突破するような有権者集団が出てくると迷惑なのです。まともに取り合ったら、利権が失われる可能性が高いですから。減税するということは、利権のバラ撒きをやめていかねばならないからです。それで、「全体のことを見ないと」などと言い出す。納税者に自身がバカであるかのように思わせて、何も言えなくする。

しかし、そいつらの言うことなど全部無視して、「税金を下げろ」と、どんどん声を上げていかなければなりません。敵がドンドン弾を撃ってくるのに、その敵から「反撃するなんてバカじゃないのか」と言われて、撃ち返すのをやめますか？

いわゆる「有識者」には、政府が予算をつけているのです。大学にしろ、研究所や自称シンクタンクにしろ、政府とのつながりがある。彼らは原則として「税金を下げろ連合」の味方であるはずがありません。なにせ「利権をよこせ連合」からお金をもらって、それで研究している人たちなのですから。

「税金を下げろ」「規制をなくせ」と考えるのは、やりたいことがある人たち、信念を持っている人たちなのですが、こちらの味方をしてくれる理論家はまだまだ少ないのが現状です。

そこも、今まで「利権をよこせ連合」が強かった理由です。すでにある程度利権を確保している団体は潤沢な資金があるので、それぞれの業界団体が自らを守る御用学者を用意しています。強力なブレーンに支えられて、さらに利権をむさぼるべく、これまで意見を通してきました。

特定の政策や法律について、やるやらないは最終的に投票で議決されますが、必要なものが「できる」となれば、すぐ通ります。不必要なものを「やらない」のは、当然です。そこを四の五の言う必要性はありません。御用学者の本質とは、原則として、必要なのにできない理由、必要ないのにやる理由を述べる人たちです。

減税の場合、必要なものですから、実行したくない人たちには、巧妙な「できない理由」が必要です。そのための言い訳を述べてくれるのが、政策の専門家なのです。事実、彼ら御用学者は、減税をシャットアウトしてきました。

そのような御用学者に騙されないようにしましょう。

圧力団体を作ろう――永田町の常識を活用

御用学者に騙されないためには、まずは数をそろえることが大事です。仲間を集め、「税金を下げろ連合」としての塊を作る。そうすれば、資金も人材も増えていき、こちら側の有識者・専門家が現れるでしょう。

その塊は圧力団体になります。「圧力団体」と言うと、何か悪いもののように感じる人が多いかもしれませんが、それは報道のせいです。新聞やテレビのニュースで、「圧力団体」は、まずネガティブな文脈でしか出てきません。

しかし、「圧力団体」は、大学の政治学、特に「政治過程論」の教科書の一ページ目に出てくるような政治学の初歩の言葉です。有権者が政治に関わる方法ですから、むしろ必要不可欠なものとも言えます。普通に行われ、永田町や虎ノ門には、数多くの圧力団体の事務所があります。

事務所の職員は、毎日のように政治家のところに出向いています。

「先生、うちへの補助金、どうなってますか」

「こんな規制を、作ってください」


あるいは、会員総会や勉強会を開いて、そこに政治家を招き、挨拶をさせます。

政治家は言います。

「あなた方の業界には、この補助金を取ってきました」

そして、集まった業界人が「ワァ〜」と声を上げて喜ぶ。


「やっぱり悪いことに見えるけど……」と思いましたか？

右の例で悪いのは、圧力の内容です。僕が見たことがある圧力団体はすべて〝敵側〟のものですから、臨場感のある例としては、どうしても「補助金をくれ」バージョンになってしまいます。しかし、圧力団体が圧力をかけるという行為そのものは悪くないのです。有権者が政治家に要望を伝える方法であって、違法でも、悪いことでもありません。

しかし、「税金を下げろ」側は一度も政治家を訪れない。というか「税金を下げろ」側の圧力団体は今のところほぼ存在しません。

それでは、政治家たちは「補助金をくれという人を優遇してやったほうが、次の選挙に有利かな」と考えてしまうわけです。しかも、選挙のときだけ「税金を下げます」と言っておけば、一般の有権者は騙せると、政治家は思っている。そういう政治家や政党を見たことあるでしょう？（笑）だから、選挙が終わった後もしつこく、「税金下げてくれますよね。あなた、補助金をバラ撒いて、税金を上げるという人たちに会っているみたいですけど、どういうおつもりですか」と、ネチネチ圧力を加えないと、税金が下がることはないのです。

テレビに映る政治家の記者会見、コメント、議会での発言はショーです。そこで何を言わせるか、その台本が政治家と圧力団体のせめぎ合いの中で出来上がっていきます。政治に参加するとは、そこに参画していくことです。

以上のようなことは政治と関わる人間としては常識なのですが、一般の人たちはまず見ることのない世界です。僕はそんな永田町の常識を一般にネタバレさせていくことも大事だと思っています。

一般の有権者は、圧力団体は汚いものと、半ば洗脳されています。圧力団体の「汚い」イメージは、ことによると政治家や役所の関係者が、わざと広めているのかもしれません。一般の有権者がそこに近づかないように。

「私は、しがらみは一切ございません！」という政治家は完全なウソつきか、行き当たりばったりの適当な気分でやっているかのどちらかです。

圧力団体を組織して、政治に圧力をかけることは正当な行為です。単に「利権をよこせ連合」の圧力ばかりが通って、「税金を下げろ」側の圧力がまったくない、という今の状況がおかしいだけです。僕たちが対抗勢力となって、そこに踏み入ることによって、はじめて政治が変わります。むしろ、圧力団体を作って、そこに参加していき、利権を解体していきましょう。

「お作法」をぶっ壊す

「君たちは作法がなってない」

「物事にはルールがある。政党のことも、霞が関のことも、国会についても、予算編成過程も何もわかっていないじゃないか」

僕たちが永田町に土足で踏み込むと、政治家はたぶん偉そうに、そう言うでしょう。しかし、作法は本来、有権者が決めるものです。こう言い返してやりましょう。

「作法が違う？　何、言ってんだ。だったら、お前らが作法を変えろ！」

従来型の政治家は、有権者にそんなことを言われると、困るでしょう。今までの秩序が壊れてしまいますから。

僕たちが、その世界に入り込み、ネタバレさせ、公開して、彼らの秩序を壊す。一般の有権者が、それをやらない限りは、何度でも増税されるし、無限に規制が増えるのです。どうしても、そこを変えていかなければなりません。


ネタバレ推奨の一環として、一般的にはあまり知られていない自民党の部会について、お話しします。

部会とは、「建設」「農林」「財政金融」など、テーマごとに分かれ、話し合う会合です。たいてい朝早く七〜八時に始まります。「建設」や「農林」など、利権のからむ部会は三密もいいところ。逆に「宇宙」などの、圧力団体が弱く票になりにくい昼間に行う会議はガラガラです。

部会には族議員や官僚、そして時々圧力団体の人がいます。官僚が一通り議案について説明し、政治家が官僚に圧をかけます。

政治家「現場はこうなってんだ！　もっとこの点に配慮してくれないと」

官僚「ご指摘ありがとうございます」

さらに圧力団体の方が出席している場合、部会の様子を業界紙で報告します。

「あの先生が部会でこういう発言をしてくださいました」

これで、支持者が満足し一件落着するのが部会です。

部会長や副部会長らの族議員は、若手議員を観察しています。役人に対して、ある程度きちんと注文できる人は「こいつは知識があるので族議員の見込みがある」と、副部会長などに昇進させてもらえる。それが部会のシステムです。

また秘書席というものがあり、僕は、かつてそこに座っていました。どの先生がどういう発言をしたか、秘書がメモをして、そこに参加しなかった自分の仕える代議士に報告します。これが秘書の朝の仕事です。

そこで重要なのは、影響力のある議員がどんなことを言ったかです。部会は単なる儀式の場であって、秘書たちがメモを取っているのはそこです。

部会は、原則として非公開なので、関係者しか入れません。公開したら、頓珍漢な質問をしている議員は困ってしまうし、一部の機密に関する議論を除いても、外ではできない話をしています。個人的な感想としては、ネット公開でもしようものなら、一瞬にして政権交代が起きると思います。違う、ちゃんと政権担当能力があると言うなら、与党の先生方は明日からすべてネット中継してください。

税金について話し合うのは、税制調査会です。そこで話されていないことに関しては認めないのが自民党のお作法です。

そして、今のところ税制調査会で消費税減税のことなど真剣に話された様子もありませんから、自民党で減税が通るとしたら、それは同党がよほど選挙で厳しい見通しがあるときだけでしょう。外で減税を唱えている議員も、税制調査会の中では力がありません。したがって、そんな「お作法」を守っていたら、永遠に減税されることはありません。

お作法は、体制側の手口です。「利権をよこせ連合」を倒すつもりなら、そのお作法を変えなければいけない。お作法を無視しなければいけない。そもそも、お作法そのものをぶっ飛ばさなければいけないのです。閣議決定を覆した公明党のように。

補正予算について公明党が異議をはさんで閣議決定を覆したことは、序章でも触れました。

自民党の政調部会の中で議論をし、政調部会長一任と決め、内閣で話し合い、第一次補正予算を閣議決定しました。そこまで進んでいたのに、公明党が殴り込んできて、その内容を一律給付に変えさせました。これは完全にお作法の破壊です。

逆に、お作法を破壊したから、できた。お作法通りにしていたら、できなかった。なぜなら、お作法は、「利権をよこせ連合」が互いに利権を守るのが前提だからです。「うちの利権は大丈夫なので、あなたのところも取っていっていいですよ」と、自分の利権を守りたい人たちが、相手の利権を壊さないように調整する。これがお作法。お作法にのっとって、部会を通過すると、党の政策になる。

こんなことでは、永遠に減税はできないのです。

＊1　大和総研「平成の30年間、家計の税・社会保険料はどう変わってきたか」
https://www.dir.co.jp/report/research/law-research/tax/20180621_020168.pdf

＊2　財務省「主要国の株式譲渡益課税の概要」
https://www.mof.go.jp/tax_policy/summary/financial_securities/kabu04.htm

第三章

政治を変える戦略

ある中国人講師の日本評

中国人のエリート階層は、頭脳明晰、するどい分析力で本質をついてきます。とりわけ、ある中国の学習アプリ人気講師による日本評はするどかった。

日本は規制が多すぎです。終身雇用などによって、勤労者の流動性が阻害され、必要な部門に人材が回らないなど、いろいろと効率が悪い。しかも、旧態依然とした企業が規制で守られていて、いつまで経っても大企業の名前が変わりません。

第二次世界大戦後、日本が立ち直ったのは、おかしな規制がなかったからです。日本は再びボロボロになって、壊滅的な段階までいったら、もう一度復活するかもしれません。

全部、図星です。日本のことを、たいていの日本人よりもよくわかっています。

僕が、増税に反対するのも究極の目標は国をよくすることにあります。「お金を取られるのが嫌だ」と自分のことだけ考えて、ワガママを言っているわけではありません。

すでに話した通り、「規制」には「税」も含まれます。この中国人講師が言う通り、日本がダメになったのは、税金と規制のせいです。

経済成長しない国は、結局、負けます。そして、経済成長を阻んでいる大きな原因の一つが高額の税負担です。

経済力とは安全保障であり、外交でもあります。経済が落ち込んでいては、国は守れない。他にどんないいことを言っていたとしても、増税に賛成している人は、日本を強くて安全な国にするつもりなどないのです。

中国の軍事的脅威が増したのは、中国が経済成長したからです。それは彼らが改革開放をして税金と規制の改革を行ったからです。単純な話に過ぎません。

政治を変えるシンプルな方法

日本の税金は、すでに十分に高い。それを「利権をよこせ連合」は、さらに増税しようとしています。僕たちは、この敵と戦うために「税金を下げろ」と言い続け、すべての増税に反対しなければならないのです。

この状況をなんとかするためには、政治を変えなければいけません。

では、どうやって政治を変えるのか。方法は、いたって簡単です。

政治家や御用学者は、ぐちゃぐちゃと難しいことを言いますが、実は、減税しない・規制廃止しない理由を並べているだけです。やさしく表現したのでは、「やらない」と言っていることがバレてしまうので、わざわざ難解に聞こえるように言うのです。さらに言えば、単純に「お前らもっとカネ（税金）を払え」と言っているだけです。

僕たちは、そんな敵の化けの皮をはがしてやるためにも、シンプルに行きましょう！

重要なことは三つだけです。

一、すべての増税に反対することを約束させる。

二、規制を減らすことを約束させる。
三、選挙のルール変更を約束させる。

これ以外のことは、気にしなくていい。いろいろ細かいことを言いたい人もいると思いますが、以上のことができなければ、結局、何もできません。

政治家に約束させること①「すべての増税に反対する」

「消費税は下げるべきだけれど、所得税と法人税は上げてもいいいんじゃないか。金持ちからぶんどってやれ」と言う人がいます。

前章ではこの点について、有権者が分断されて敵の思うつぼだから、戦略的に無視せよと言いましたが、ここでは、本質的な話をします。

税金は税金です。一つを下げても、他が上がったのでは意味がありません。

所得税と法人税を増税するとします。増税したお金は何に使われるのでしょうか。本当に福祉に使われると思いますか。基本的に、取られた税金が何に使われるかは定まっていません。税金に色はついていないのです。

そして、あなたが支払った税金はある意味で、増税をするために使われるのです。

「そんな、バカな！」と思うでしょうが、事実です。

例えば、財務総合政策研究所は財務省に属する機関です。元財務省の官僚で大学教授に天下った人などが籍を置いているところで、財務省のおかかえ御用学者がずらっと並んでいます。

彼らは一生懸命、ありとあらゆる増税方法を考えます。今年二〇二〇年ですと、コロナ関連増税、その一環として交通税を導入しようなどと言っている人たちも、ここに在籍しています。

では、彼らの研究費や人件費、事務経費は、いったいどこから出ているのでしょうか。僕たちが払った税金です。つまり、所得税や法人税を払うと、そういう使われ方をするのです。消費税を下げて所得税や法人税を上げたら、所得税・法人税の上がり分で、どうやって消費税を増税するかを研究する金に使われる。つまり、めぐりめぐって同じこと。所得税・法人税が上がると、それと引き替えに下がったはずの消費税がまた上がるのです。

「たばこ税」も同様です。たばこが死ぬほど嫌いな人は、「たばこ税なんか、どんどん上げたらいい」と思うでしょう。しかし、これも税収ですから、敵にとっては同じ「上がり」です。彼らは収入が増えると、こちらが下げてほしいと思っている税金、例えば消費税を上げるために使います。

また、少し想像すればわかりますが、税金が増えて利権を受け取る団体が増えると、その関係者は増税に賛成します。自分にお金を運んでくれる仕組みに誰も文句など言うわけがありません。

役人の仕事とは、原則として、増税して規制を増やすことなのです。税金を与えれば与えるほど、役所の人たちは増税をする。彼らはそういう生き物だと思ってください。だから、すべての増税に反対しなければいけません。

自民党の中には逆に「法人税と所得税を下げて、消費税を上げましょう」と主張している人がいますが、これをやると、一瞬、法人税や所得税は下がるかもしれません。しかし、役人はこう考えます。「万が一自民党政権から野党の左派政権に政権交代したら、政治家を説得して、所得税や法人税はそのときに引き上げればよい。政治力も弱いだろうから、消費税もさらに引き上げられるかも」などと思っていてもおかしくありません。

すでにある所得税や法人税、消費税をいかに増税するかの研究はもちろん、新税導入のための研究をする調査発注費や圧力団体を通じた増税のための広報費用はすべて、僕らから絞り取った税金から出るのです。

だから、僕たちは、すべての増税に反対すべきなのです。何かの税金を上げて、何かの税金を下げるなど、原則として無意味です。

彼らにエサを与えると、さらなるエサを求めて増税するだけ。そして、増税と減税のペースを比較すると、増税のほうが圧倒的に早い。

当たり前です。役所や政治家、そしてその取り巻きの「利権をよこせ連合」は増税したいのです。増税したくてしたくてしょうがない人たちに、無党派層の人が控え目に「すみません、減税してください」と言ったところで、どちらを一生懸命やるかは火を見るより明らかです。

増税の話は一瞬で決まりますが、減税の話はまったく進まない。今のままでは、変わらないのです。

敵は上げやすい瞬間に、上げやすい税金を上げるだけ。つまり、そのときに政治的に抵抗が激しい税や社会保険料はひとまず置いておいて、抵抗が弱いところを狙って上げてくる。国民負担率が増加し続けているのがその証拠です。

だからこそ、すべての増税に反対することを政治家に約束させなければいけません。政治家が「○○増税なら賛成」と言い始めたら、ソイツにはもう票を入れない。落としましょう。一つでも穴が開くと、その穴はだんだん大きくなり、収拾がつかなくなります。

お金を浪費する側に立つ議論をやめる

「すべての増税に反対して、政府が成り立つのか。財源はどうするんだ」と言う御用学者のフレーズに説得力を感じている人たちも安心してください。政治家と役人は原則として全員、増税に賛成です。だから、これから「税金を下げろ連合」が減税派議員を議会に送り込んで、「増税反対」と言ったところで、すぐには敵う相手ではない。そして、味方が仮に半分の勢力に成長したとしても、勢力が拮抗するだけです。さらに勢力を増し、減税が実現する段になると、どうなるか。

　そのときはじめて、役所や政治家が「利権をよこせ連合」の連中の何の役にも立たないゴミのような事業に補助金をバラ撒くことをやめるのです。

　繰り返しになりますが、強調しておきます。

増税派の理屈は、使う人の主張です。お金を使いたいから「くれ」と要求しているだけ。

「オレ、車が欲しいんだ」「私、家が欲しいの」

ドラ息子、ドラ娘の際限のない支出リストに合わせて、お父さん、お母さんだってボンボン買い与えません。まして赤の他人の利権屋に誰が貢ぎますか！

「これからますます増えていく社会保障費に備えて……」には、もう騙されない。第二章で言った通り、穴の開いたバケツに水は溜まらないのです。

お金を浪費する側に立って増税する議論をまずやめましょう。言うべきは「お小遣いは渡しません！」です。すべての増税に反対することが大事です。

最近、政府は治水対策のためにさまざまな種類のダムの水量管理を省庁横断的に行うことを決めました。すると、五〇年で五〇〇〇億円かけて作った八ッ場ダムの五〇個分の貯水量を、既存のダムを活用することで確保できることがわかったのです。この見直し自体はよかったですが、「ダムが欲しい」と言って作ってきた成れの果てがこれでした。

増税を許している間は「どうせ後で増税できるから」と、彼らはバンバン、バラ撒き続けます。すべての増税に反対することによって、はじめて政府の効率化を促すことができます。「財源」の心配はいりません。むしろ、まったく増税できなくなったとき、減税したとき、ようやくまともな政府になるのです。

ここに、僕たちがすべての増税に反対し、政治家にそれを約束させることの意味がありま す。

政治家に約束・履行させることの重要性

先ほど、政治家に約束させ、履行させることが大事と話しました。

しかし、すべての増税に反対することを政治家が約束したとしても、残念ながら約束を破る人がいます。また、破らないまでも、約束というのは内容と期日があって、はじめて約束なのに、空約束だけしてのらりくらりと何もしない人がいます。期日なんか忘れたフリ、もっと言うと「オレ様がやっているのだから平民は黙って応援しろ」という趣旨の発言をする政治家までいます。

政治家というのは、放っておくとそうなる人種です。彼らは、公約は破るものだと思っている。有権者のほうも、それに慣れてしまって、たまに政治家が公約を守るとびっくりしたりする。それではダメなのです。

政治家は、有権者との約束を期日通りに履行する。そこをデフォルト設定にしないといけません。政治家の「やりませんでした」「間に合いませんでした」は論外です。そして、履行したかどうかを必ずチェックし、裏切った人は容赦なく鉄槌《てっつい》を下す。

「この先生は他によい働きをしてくれているから応援しなければいけない」

などと甘やかしてはいけません。それを許せば、その政治家は永遠に減税しません。一度でも裏切ったら増税派と認定しましょう。

お気持ち詐欺にもひっかからない。

「本当は増税に反対なのです。今回はこういう事情で、できないんです～」

そんなものは全部ウソ。「本当は」も「今回は」も信じない。

約束を履行せず、言い訳がましい人間は絶対に落とさなければいけません。

国会で質疑し、国会で投票する、その結果だけが評価の対象です。

第一章で、アメリカの保守革命について触れたことを思い出してください。「増税しない」と公約して大統領になっていたパパブッシュが任期中に増税したために、一九九二年の大統領選で再選できずに落選した話です。

ブッシュは有権者をナメていました。謝れば許してもらえると思っていたのです。選挙キャンペーン中は言い訳ばかり。

「確かに増税しないと約束しました。しかし、議会を見てください。圧倒的に民主党です。議会が増税しろと言っているのに、一人で反対するわけにはいかなかったのです。私もがんばりました。ほんのわずか増税しただけです。予算を通すためには仕方がなかったのです」

ブッシュとしては、「昔からそうだった。今度もうまくいく。許してもらえる。政治とは妥協の産物。そういうものだ」と思っていました。

ところが、保守派有権者の怒りは収まらず、「このウソつき野郎が！」と見事にブッシュを落選させます。共和党保守派はブッシュの「お気持ち詐欺」にひっかかりませんでした。そのことが、後に一九九四年の保守革命につながったことは前述の通りです。

それまでは、共和党の一般有権者たちも、「どうせ、こいつらも口だけで減税なんかできないんだ」とあきらめムードだったのです。しかし、パパブッシュが落選したことによって、変わりました。現職の大統領ですら、ウソをついて増税したら落ちる。それが、このとき、はっきりしたからです。その結果、減税運動を推進していた人たちからの信頼度が上がりました。

「この人たちは自分たちの政党の大統領候補者だったパパブッシュすらウソをつくなら落としてしまう。本物だ！」

有権者は希望を持ちました。「この人たちが約束を守る議員を連邦議会に送り出したら、本当に減税や規制廃止が進むかもしれない」と。

党内の保守派が「約束を守らせる」点で徹底していたので、共和党の他の連邦議員たちも引き締まりました。

「ウソをつくと、本当に落ちるんだ」

ブッシュ落選のショック効果で、一九九四年には約束を守る減税派議員が連邦議会に送り出され、共和党は四〇年ぶりに民主党から下院を奪うことができました。

減税運動家たちの徹底した姿勢が、他の減税派の信頼を得て、しらけていた一般有権者の政治参加を呼び、保守革命がなりました。

僕たちは政治家を常に監視し続けなければならない

日本でも多くの人が「どうせ政治家はみんなウソつきだ」と思っています。税金は上がっていく一方だし、社会保障支出の伸びも止まらない。そして、それを仕方がないと思っている。

違います。仕方がないのではありません。ウソをついた議員を徹底して落としさえすれば、それによって、約束を守る議員が生まれるようになるのです。

「与党で減税を主張していた議員を落とすなんて」と言う人がいるかもしれません。しかし、実際に減税しない政治家は口先だけの人、ウソつきです。そのウソつきが議席を得ていることが問題なのです。なぜなら、結果として、減税を望んだ人の一票が増税するための一票に変わってしまうからです。むしろ、主義主張が違う政党に平然と属して、政党幹部が決めた党議拘束によって「ウソっぱち投票」する議員は最悪なのです。彼らは「やっているふりに騙される支持者なんてチョロいもんだぜ」と思っています、堂々とは言いませんが。有権者が甘やかすからです。

そこをしっかり押さえることが大事です。たとえウソつき議員が落選したことによって、自分の応援していない議員が受かったとしても、いいのです。ウソつきは役に立たないのですから、役に立たない政治家をいつまでも応援していても無駄です。敵を勝たせてでも、ウソつきを落とす。そこまでやってはじめて、最終的に強制力を行使して約束を守らせることができるのです。

アメリカの共和党保守派も、そこにいたるまでには苦労しています。細かいことを言うと、約束をしない議員や約束を守らない議員でも、落とせない場合もあります。大物政治家であったり、保守派が強くない選挙区から出ているケースです。

アメリカの場合、上院と下院で同じ共和党でも傾向が違います。上院は主流派が多く、下院には保守派が多い。これは選挙システムの構造上の問題です。

上院議員は各州の代表です。州都はどこも増税派のリベラルなので、増税派っぽいことを言わざるを得ません。そのため、上院議員は共和党であってもニセモノ感が漂っている人たちが多いのです。

下院議員は、共和党員が大勢を占めているような選挙区から出ている議員が多い。そこでは減税運動によって各議員に圧力をかけ、「減税」を約束させ、約束をしない人や守らない人を落とすことによって、主流派と保守派を入れ替えることが可能です。実際に地道に入れ替えてきました。アメリカの減税派に妥協はありません。

今現在、落とせる人は落とし終わり、落とせない議員が残っています。しかし、共和党全体としての方針として「減税」が勝っています。そのため、落としきれない増税派も共和党内ではなかなか増税を言い出せないのです。

民主党議員は反増税の約束をしていませんから、減税派としては論外、評価の対象にすらなりません。民主党は全員「落ちてください」です。しかし、民主党支持者（＝増税派）の票で当選してしまうのはいたしかたありません。不可抗力です。

繰り返しますが、基本的に政治家は全員ウソつきです。入れ替えたといっても、新しい議員が必ずしも人格的に優れているわけではありません。有権者の監視によって、がんじがらめの状態にさせられているのでウソをつかなくなっただけのこと。ウソをついたら落ちると思うから、ウソがつけない。ウソつきを落選させて強制力を発揮したのです。

政治家と有権者は、このような緊張関係にあるのが原則だと思ってください。有権者が気を緩めると、政治家は、すぐにまた増税し始めます。これは共和党でも、変わりません。だから、常に監視し続ける必要性があるのです。

「政権交代」しても日本の政治は変わらない

アメリカの共和党保守派は議会議員を減税派に入れ替えてきました。日本でもそうしなければならないのですが、では、どう入れ替えるか。

日本の場合、自民党も民主党（および、その後継政党）も、減税など端から念頭に置いていない人たちです。民主党は、かつて「減税」を叫びましたが、結局のところウソであることが判明しました。

与党も野党の多くも、基本的には全部アメリカ民主党みたいなものなのです。だから、「政権交代」しようがしまいが、ほとんど差がありません。

当初、期待されていた安倍政権も三党合意を守って二回も増税しました。結局は、財務省や厚生労働省など、増税したい役人の走狗《そうく》であることに、何も変わりがありませんでした。

そんな安倍政権を落として立憲民主党が政権を取っても、増税派であることには変わりません。悲観的に言いましたが、楽観的（？）に考えるなら、日本をよりよくできるかという点では、自民党政権でもすでに問題なので、他党が政権についても状況が著しく悪くなるわけではありません。

政治が変わるのは、本当に筋金入りの減税派の議員が出てきたときです。そのとき、はじめて財務省や厚生労働省に対抗できるのです。それまでは政権を担当する政党が変わっても、表面上の変化に過ぎません。ラベルが変わっても中身は同じ、ただ気分の問題です。

そんな「政権交代」はいくらやっても意味がありません。「リベラル野党が親中で自民党がタカ派だ。自民党のほうが中国に対して厳しい態度を取ってくれるから国のためだ」などと思ってはいけません。このまま増税して規制を増やして経済成長しなければ中国に負けるのです。

政治家に約束させること②「規制を廃止する」

政党は当てにならないので、一人ひとりの政治家に減税を約束させると同時に規制廃止を求めなければなりません。これまでにも話したように、税金は規制の一部であり、無用な規制は廃止されるべきなのです。

そこで参考になる事例が、二対一ルールです。第一章で紹介したように、これはトランプ大統領が就任初期に出した大統領令で、数あるトランプの功績の中でも保守派の間では最も評判のいい政策です。

トランプは他にも大統領令を連発してニュースになっていました。日本でも「トランプ大統領が、またとんでもないことを言い出した！」と報道されたものですが、この二対一ルールだけは報道されませんでした。大手メディアの記者たちには理解できなかったのでしょう。「新しい規制を一つ作るならいらない規制を二つ廃止すること」というルール。そして、厳密には規制の数だけではなく、規制のコストで計算されることもお話ししました。アメリカでは規制がもたらす経済コストが算出してあるのです。

アメリカのシンクタンクである競争的企業研究所によると、二〇二〇年におけるアメリカの家計の負担で住居費の次に負担が重いのは、規制による社会的負担とされています。

もう少し詳しくお話しします。

なぜ、このような方法が取られたのか。それは役人が「国民にとって不要な規制」をこの世で一番知っているからです。

以前の共和党政権も規制を廃止しようとして、役所に人を送り込んでいました。アメリカでは政治任用でそれができるのです。「この規制をなくせ」「あの規制をなくせ」と喧嘩しながらやってきた。しかし、それがけっこう骨が折れる。廃止する規制のひとつひとつについて、役人と向き合わなければいけないので一苦労です。

それで、「もう、それはやめよう」と、あきらめて、発想を転換しました。

「役人は利権で食っている。だから、この世で一番不要な規制を熟知しているのはこいつらだ。毎日毎日、規制を考え、維持・運用しているのだから」

そこで、「新しい規制を一つ作りたいなら、いらない規制を二つ持ってこい」として、役人自身に不要な規制を探させたのです。

アメリカの場合は政治家が法律を作ると自分の名前が法律に入ったりします。役人が作る規制についても、新しい規制を作ると、それが作成者の実績として永遠に残りますし、担当者は永遠にそれで生活できます。

この仕組みは日本も似ています。日本の場合は法律に人の名前はつきませんが、新しい規制を作った官僚は出世できます。役所の中で「伝説の先輩」となり「あの人が作った規制」と崇《あが》めながら受け継がれ、当人は最終的に関連企業に天下りできたりします。

現役の役人たちも自分の伝説が作りたくて仕方がない。そして、新しい規制を作りたいと思っているのです。伝説という言葉に語弊があるなら、「オレがやった仕事」を誇りたいと思うのは誰でも一緒でしょう。その際、通常であれば、先輩が作った規制には手をつけずに、新しいものを作ります。こうすれば、役人は誰も傷つきません。国民はどんどん不便になり、傷つく一方ですが。

ところが、二対一ルールを厳格に適用すると、現役とＯＢ、今の人と昔の人の利害が相反するのです。

自分の実績のためにはやむを得ません。「先輩の規制があるけど、廃止しちゃえ」と思い始めます。そうなってはじめて、不要な規制が効果的に廃止できるようになります。さすがに昔の他人の実績より自分の実績のほうが大事です。

つまり、役人同士を戦わせるのです。昔の規制を維持したまま新しい規制を増やさない。自分の利権を作りたい人の心理を巧みについた効果的な方法です。

トランプの大統領令は大成功。不要な規制がジャンジャカ廃止されました。規制廃止が進んだだけではなく、作ろうとしていた新規制の計画も根こそぎ止まりました。実は、いらないものを大量に作ろうとしていたのですが、「それを作るぐらいだったらやめておこう」という話になったのでした。

ホワイトハウスのホームページには、「トランプ大統領、規制廃止に成果を上げる」との見出しで、規制を廃止したことによって、いかにコストを削減したか、そして、どれだけ新しい規制を阻止し、無力化し、あるいは遅延させたかが掲載されています[*1]（二〇一七年一二月一四日）。次の言葉は、副題として掲げられた「トランプ大統領の宣言文」です。

我々はあなた方の時間とお金の無駄となる余計なものや二度手間を取り除きます。

大統領ドナルド・トランプ

規制緩和で成功したのは米・英・中

減税や規制緩和によってイノヴェーション（改革）が進んでいる国は、アメリカ以外にもいくつかあります。イギリスはそれによって英国病から脱却しました。

そして、あえて中国。中国は共産党の独裁政権で規制どころか、さまざまな指令・命令が飛んできて、まともな企業活動などできないのでは、と思われがちですが、あの国にはあの国のやり方があって、そこをうまくやる人が出世します。

中国が規制を減らしたというより、中国人は規制を守らないのです。上に政策あれば、下に対策あり。素直に上の言うことを聞く人々ではない。中央政府もまた、それをよくわかっていて後から追認するのです。では、やった者勝ちかというと、そこもまた微妙でして、追認してもらうために天下りを受け入れるのです。そこは日本と同じ。

日本の場合は禁止すると、国民がやらない。中途半端な法治国家であるというか、国民に遵法精神がありすぎる。もちろん法律を破れとは言いません。しかし、国民が従順なのをいいことに、政治家や官僚が好き勝手している。だから、おかしな法律のほうを何とかしなければならないのです。特に、中国のような（日本の比ではない）腐敗社会になりたくなければ。

中国には中国の問題がありますが、中国のリーダーは日本より合理的です。いいモノは、いい。使えるモノは使う。

一九七〇年代末に鄧小平《とうしようへい》が実権を握って以来、中国は改革開放政策を進めてきました。そして、その政策をリードした理論家たち、つまり中国で主流の経済学者は、実は減税派でした。そして、マルクスやケインズ学派は、むしろ在野に追いやられ、もはや主流ではありませんでした。

中国が強力な経済成長過程に突入していた姿を分析した、香港生まれで野村総合研究所に務めていた関志雄《かんしゆう》氏によると、「中国では、看板は『社会主義』でありながら、新自由主義者の政策への影響力が強く、彼らは市場や私有財産制のように多くの人々の相互作用で自然に形成された制度が最も良い制度であり、計画経済のように人為的に設計された経済制度は、いずれも設計者の本来の意図に反して、人々と社会に損失をもたらすと考えています」（関志雄『中国を動かす経済学者たち――改革開放の水先案内人』東洋経済新報社、二〇〇七年）と述べられています。

　このような中国の変化をアメリカも好意的に受け入れてきました。だから中国は驚異的な経済成長をしたのです。

　もっとも、関氏は、その結果、中国では成功し大金持ちになる者が現れたものの、そのほとんどは共産党や政府の高級幹部ゆかりの人々である点や、共産党一党独裁の矛盾が顕著になっており、政治改革が行われなければ経済改革も挫折するだろうと、問題点も述べています。

　ネトウヨなどは、こうした問題点ばかりを取り上げて、「中国なんか本当はたいしたことないんだ。いずれダメになるんだ」という論調をしますが、中国が経済成長してきたのは事実です。粉飾や統計操作があるにしても、遅れた発展途上国だった中国が、今や経済大国となり、沿岸部の中間層の中には平均的な日本人よりもはるかに豊かな生活を送っている人々も少なくありません。そして、その経済力をもとに軍事大国化しているのです。その背景に国の成長を考える経済学がある点は示唆的です。

十分に成長した中国はアメリカとの覇権争いを迎えており、今後は受難の時期が来るでしょう。

しかし、僕たちは、お隣のダメなところばかり言って溜飲を下げるより、成功しているところは素直に認めなければいけません。かつて社会主義経済でボロボロであった中国に今では完全に負けているのだと自覚すべきです。アメリカが覇権争いをしているのは日本ではなく、中国だという事実がそのことをよく表しています。

日本経済が沈下した理由

日本の話に戻しましょう。日本経済がなぜうまくいかないのか、根本的なところに立ち返って考えてみる必要があるでしょう。

今、日本では法律が急速に増えています。これは前述したように「立法爆発」と呼ばれますが、法律が増えることは規制が増えることを意味します。一九八〇年代に比べると、二倍程度に増加しています。新しい規制をどんどん作って、古くいらなくなった規制をそのままにしているからです。

法律・規制が増えるほど、歳出は増えます。そして、その法律・規制に対応するコンプライアンスで儲ける人も二倍に増えているということです。

利権好きの連中は「こりゃ、儲かるわ」と喜ぶかもしれませんが、これを煩わしいと思っている人も大勢います。書類の作成に時間を取られて、生産的な活動である本業がおろそかになってしまうことを、真面目に誠実に仕事がしたい人は嘆いています。東京本社で働く高給取りの中には、日々、くだらない規制に対応するために多くの時間を割かなければならない人が多くいます。

そして、その無駄な仕事のために、商品やサービスの質が低下すると、一般消費者もまた迷惑を被ります。よりよいサービスや商品が海外から提供されれば、そちらのほうがいい。その結果、日本の会社の競争力はどんどん落ちていきます。

こうして、ここ数十年、日本経済がどんどん沈下していったのです。

> 誰の知的影響も受けていないと信じている実務家でさえ、誰かしら過去の経済学者の奴隷であるのが通例である。（ケインズ『雇用、利子および貨幣の一般理論』、岩波文庫、下一九四頁）

ケインズの経済理論の評価は置いておくとして、ここは同感です。思想の影響力は長続きし、古い役人や政治家が適用する思想は古いものです。

今、日本で「穏健な」政策を取っているつもりの人々がこれに当たるのではないでしょうか。官僚は改革者ではありません。むしろ、昨日までと同じことを明日以降もやろうとする人々です。年寄りでなくても、そういう性質の職業です。そんな官僚に政治家が従わされていると、ますます時代遅れになります。

黙々と法を守って国が潰れていっては、何のための法治国家かわかりません。「利権をよこせ連合」によって作られた法律によって、普通の納税者が苦しめられている現状を変えましょう。

いっそのこと、「規制緩和じゃ生ぬるい。規制廃止だ！」と。

規制緩和では規制が残ります。腐ったものは根源から絶たなければいけません。緩和では根っこが残っているので、また生えてきてしまいます。

税金も一緒です。税金も本来は減税ではなく廃税でなければいけない。そうしないと、また上がってきます。ただ、税金は数字ではっきりと表されるので、上がったときにも明確に意識されますから、「すべての減税」を掲げて戦う限り、「知らないうちに増税されていた」ということにはならないでしょう。

二対一ルールの閣議決定で世の中は激変

規制とは、そのときに権限を持っている連中が有利になるように作られます。いわば、年寄りが若者に、既存の企業が新しい企業に抜かされないために作るルールが規制なのです。

規制を作ることによって、社会を固定化することができる。事実、日本社会は固定化されてしまっています。規制イコール利権です。これを後生大事に守っていては、自由がなくなり、日本が経済成長しなくなります。

逆に、規制を廃止していくことによって、余計な費用がかからなくなり、新しいビジネスが生まれてくるのです。

日本でも、規制をなんとかしようという動きがあるにはありました。二〇〇二年、第一次小泉内閣で規制緩和政策として構造改革特別区域（構造改革特区）が設けられ、役所に規制改革させようとしました。役所の現場の人たちにいらない規制を挙げさせようとしたのです。当然のことですが、役人は何も廃止したくないので、誰も何も挙げようとしない。先輩の権限を進んで破壊しようなどという後輩は一人もいません。これは大失敗します。

では、上から改革しようということで、第二次安倍政権になってから国家戦略特別区域（国家戦略特区）が設けられました。そして、「この規制の廃止を検討してください」と上から要請したのです。

すると、この特区では獣医学部一つ設置できるのかどうかというつまらない話題が大きく取り上げられることになってしまいました。前述した、いわゆる加計学園問題です。獣医学部一つを作ることに対して「国家戦略」という大層な名前がつけられた上に、その是非について大の大人が議論するという呆れた現象です。しかし、「利権をよこせ連合」にとってはわずか一つの規制でも大問題なので、死ぬほど抵抗があったわけです。とにかく、超くだらない話を、あの人たちは延々としていました。

規制廃止は正しい道ですし、これまでもさまざまな試みがあったことは前述の通りです。

小泉内閣の「役人たちが一番いらないものを知っているだろう」という発想はいちおう正しかったのです。しかし、役人にいらない規制を白状させるためにインセンティブを与えなかったので、彼らを従わせることはできませんでした。

これに対して、二対一ルールが原則となれば、役人に昔の規制をなくしていく動機づけとなるので、効率的に規制を廃止していくことができるようになるはずです。

「必要な規制もあるだろう。規制を片っ端から廃止したら、世の中が乱れて大変なことになるんじゃないか」と思う人がいるかもしれませんが、大丈夫です。現場の役人はいらないものをよく知っていますので、明らかに不要な規制から優先的に廃止します。そこが信頼できないほど日本の官僚は腐っていないと思います。

そのためには、二対一ルールを法制化するか、場合によっては、閣議決定するだけでいいでしょう。閣議決定はアメリカ大統領令のようなものです。それで役人たちは二対一ルールに従って行動せざるを得ません。

ところで、日本の場合は、もう一つ問題があります。規制の経済分析など、ほとんど行っていないので、まずは、各規制が経済的にどの程度の損失をもたらしているのか計算するところからスタートしなければいけません。閣議決定の際には、ぜひそれも一緒にお願いしたいですね。それにしても、今まで経済損失額の算出をほとんど行ってこなかったことは異常です。

民主党「事業仕分け」の失敗

　規制緩和の失敗例を二つ挙げましたが、もう一つ、二〇一〇年に民主党政権が導入した「事業仕分け」も大失敗でした。ひとつひとつの事業を吊し上げていき、要・不要を吟味しました。先の小泉政権・安倍政権の試みよりはるかに厳しい姿勢で規制廃止に臨んだのです。それでも、やはりダメ。これをやると、現場の役人は死にもの狂いで抵抗してきます。

「これは絶対に必要です。なぜならば……」

　各事業ごとに「絶対に必要」ロジックが、出来上がっているのです。言い訳させたら天下一品の官僚相手に戦って、廃止させていくのは大変な手間がかかります。ほとんど不可能。逆に説得されてしまいます。

　それよりも、まず、減税によって税収を絞りましょう。歳入枠全体を縮小すると、後は勝手に財務省がやる。あの仕事は、彼らが適任です。

役所の、特に財務省の習性をうまく使っていくという意味でも、「すべての増税に反対」そして「二対一ルール」が効果テキメンです。

財務省の本当の望みは増税ではなく均衡財政

今の財務省は慢性的に増税したい省庁であるように見えます。なぜ増税したいかというと、増税したほうが出世できるからです。

ところで、財務省（旧大蔵省）は、できたら増税したいという側面は確かにありますが、もともとは「何が何でも増税」の省庁ではありませんでした。財務省の歴史については、詳しくは『検証　財務省の近現代史――政治との闘い150年を読む』（倉山満、光文社新書、二〇一二年）などを参照していただきたいと思いますが、財務省官僚の最重要課題は均衡財政にあります。

厚生労働省など、他の省庁が莫大な予算を使用するという前提の中で均衡財政しようとすると増税するしかない。財務省の役人は、そういう発想になっています。

特に福祉関係予算など、「削れない」から増税しているだけ。逆に、増税という選択肢が残っているので、予算増額を容認するのです。

現在、福祉と公共事業と地方交付税に多くの予算（歳出のほぼ半分）が割かれています。しかし、ここを削ると選挙で困る人が出てくるので、抵抗がものすごく強い。それで、増税して、モノを言わない無党派層から巻き上げているのです。

もし、絶対に増税できない、むしろ減税しなければならないとなると、予算を削るしかなく、財務省はその優秀な頭脳をフル活用して、無駄な事業をなくす作業に入るはずです。

財務省でも、まともな人は社会保障費を削らなければならないことぐらい当然わかっています。ところが、今はそれができない状況にある。ですから、財務省で真面目に働きたい人にも、現行のおかしなシステムを糺《ただ》すべきとの僕たちの意見は、実は、歓迎されるはずです。

絶対に増税ができない政治環境を作りましょう。そうなると、財務省は省庁の予算を見直します。

役人の、そして政治家の習性を利用しましょう。彼らに真正面からぶつかっていった「事業仕分け」や「構造改革特区」「国家戦略特区」はやり方として間違っていたのです。規制を扱っている当事者たちにいらないものを白状させる仕組みを作らないといけません。「あなたたちが一番よくわかっているでしょ。いらないものを出してごらん。協力してくれれば、よくしてあげるよ」と話を持っていきましょう。

かつてのやり方が間違ったのはここです。自分たちが命令すれば、それで役人が従うと思っていた。でも、そんな素直な連中ではなかった。

ちょっと極端ですが、役人に懺悔させる方向にうまく持っていく工夫が大事です。役人を締め付けているように見えるかもしれませんが、実は、そうでもありません。当人たちも、おそらくこれで、心が楽になるはずです。

一生懸命、いらないものを全力で守ろうとしているかに見える役所ですが、意味のないもののために働くのは誰しも辛いものです。今の役所が間違った行動を取っているのは、政治家の役所に対するアプローチが大きく間違っているからです。

当事者に白状させるインセンティブを与えるのが政治を変える戦略です。「減税」と「二対一ルール」を推進させましょう。

官僚に自発的に正しい仕事をさせる。それは政治家にやってもらわなければなりません。そして、政治家に「そうします」という約束をさせ、それが履行されているかどうかをじっと見守る（監視する）のは有権者の役割です。

政治家に約束させること③「選挙（政党）のルールを変更する」

政治家に約束させるべきことの第三点は、選挙のルール変更です。

実は「すべての増税に反対する」や「二対一ルール」は、この第三点がないと、まず通りません。今のままでは、民主主義が機能しないからです。

日本はいちおう民主主義国家ということになっています。選挙があり、国民・市民が投票し、議員が選ばれる。そこに不正選挙はない。細かいことを言えばあるのかもしれませんが、独裁国や発展途上国のような、ひどい買収や恐喝は現代日本にはほとんどないと言っていいでしょう。

しかし、僕たちが普段見ている、あの選挙は実はセレモニーに過ぎません。

僕たちは投票日に投票所に行って一票入れます。しかし、実は、その段階では選挙はとっくに終わっているのです。候補者の公示日には、誰が当選するかはもう決まっています。宣伝の車が「〇〇〇〇に清き一票を！　みなさま、どうか、よろしくお願いいたします」などと騒がしく叫んでいるときにも、選挙の勝敗はついているので、あれもセレモニー。本当は寝ていても当選するのに、後援会の人の手前、「何かしなければ」と選挙運動のフリをして、気分だけ盛り上げているのです。

もう一度断っておきますが、これは陰謀の話ではありません（笑）。選挙では、基本的に選挙区ごとに、強い勢力が決まっています。自民党が強いエリアでは自民党候補者が勝ち、野党が強いエリアでは野党候補者が勝ちます。

衆議院の場合、勝敗がきわどい選挙区は全体の一〇％程度に過ぎません。比例の部分は動きますが、小選挙区に関しては少なくともそうなのです。

参議院選挙では、都道府県選挙区ごとに割り振られた議席が二議席だとすると、与党と野党で一議席ずつです。これも最初から決まっていて、選挙をやる必要性がない。一人区での勝敗が重要なだけです。全国比例選挙では、現状では比例名簿の上から「利権をよこせ連合」の組織内候補者が当選するだけです。比例上位当選者を「税金を下げろ連合」の組織内候補者が占める日が来ない限り、何も変わりません。

党の幹部が選挙区の公認候補者を決めたら、ソイツが当選する。つまり、各選挙区で候補者が政党から発表された段階で勝敗がついているのです。

これでは選挙をしていないのと大差ありません。今の制度は、とても民主主義とは言えないシステムなのです。この腐った政党・選挙のあり方を変えないと、国民の声は国政に反映されません。そこで僕は予備選挙の導入を提唱します。

予備選挙の導入

小選挙区制では、政党同士で戦った場合、どちらが勝つかがおおむね明白なので、候補者を発表した段階で勝敗が決まります。

実質的な民主主義を実現するためには、そもそも候補者選定の段階で有権者の声が反映されるシステム、予備選挙が必要です。党幹部の指名ではなく、住民が選挙区の候補者を選べる仕組みです。

これによって「増税に反対する」と約束した候補者と約束しない候補者が同一政党の中にいた場合、約束している候補者に票を入れ、本選に送り出すことができます。また、約束しておきながら、有権者を騙した経歴のある候補者はこの段階で落とすことができます。

現状では、ウソつきが幹部の指名を受けて候補者として出てきてしまっています。それで、本選の候補者は、どいつもこいつもウソつきばかりで、投票したい人がいない。

予備選挙を導入すれば、このような状況が改善できます。

今現在、議員の当落を決めるのは、有権者ではなく、公認してくれる党幹部ですから、ヒラメ議員ばかりになってしまうのはいたしかたありません。魚のヒラメは体の左側に両目がついていて、普段は海底で目のある左側を上にして生活しています。そのことから、上（党上層部）のほうばかり向いていて、国民や地域の党員のことなど、まったく見ない議員をヒラメ議員というのです。

党幹部は常に増税したがっています。増税し、規制を増やしたい。それが、自分たちの利権を守ることにつながるからです。

したがって、予備選挙を導入しない限りは、議員が有権者の声を聞くことはありません。減税も規制廃止も実現しません。永遠に増税され、規制が増え続けるのです。

ところで、小選挙区になってから世襲議員が増えています。有権者の声を聞いてくれるなら、世襲であろうがなかろうが大歓迎ですが、世襲議員が選挙で圧倒的に有利なのは、党上層部との強い関係があるからです。親が上層部にいたのですから当然でしょう。したがって、その多くは、やはり有権者よりも党の上層部を向いたヒラメ議員です。結果として有権者が無視される可能性が高いので、望ましい現象とは言えないでしょう。しかも、若いうちから当選回数を重ねる世襲議員は、役所や圧力団体から見れば「必ず出世する美味しい青田刈り案件」です。常にうまい形で癒着しようと虎視眈々と狙っています。予備選挙をすれば、世襲議員にとって著しく有利な現状が改善されるでしょう。

また、予備選挙を導入することによって、減税派でない古株や現職議員も、いちおう、減税などについて、真面目に答えなければいけなくなります。これによって、各議員の言質が取れます。

「こいつは明白な増税派だ。次回は落としてやる」

「こいつは減税すると言った。口先だけか、本物か、よく見ておこう」

など、こちらの態度も決められます。

現状として、日本の既存政党の党員は、当該地区の政治家がノルマで名簿上にだけ集めた「形だけの党員」が多いという問題はあります。しかし、予備選挙の仕組みが浸透し、増税や規制に対する有権者の怒りが高まってくると、中長期的にはこの状況も変わっていくことになるでしょう。

それが、健全な民主主義への道です。

新人がビッグネームに勝つ――アメリカ予備選挙の例

アメリカには世襲議員がほとんどいません。予備選挙によって、実質的な民主主義が機能するよう担保されているからです。なお、アメリカの場合、政党に登録した人だけが投票する閉鎖型予備選挙と、支持政党にかかわらず投票できる開放型予備選挙があり、各地域の党組織によって異なります。

そんなアメリカの予備選挙では、議員歴数十年のベテランが、ポッと出の新人に負けることがあります。

オバマ政権時代、民主党の大きな政府政策に対抗して、二〇〇九年からティーパーティ運動（茶会運動）が盛り上がりました。「ティーパーティ」とはイギリス植民地時代の一七七三年、宗主国イギリスの茶への課税および独占貿易権に反対して起きたボストン茶会事件(Boston Tea Party)にちなんだ名称です。そのときのスローガンが「代表なくして課税なし」（「自分たちの代表者がいないところで決められた税は納める必要がない」の意）でした。〇九年のティーパーティ運動も同じスローガンを掲げ、一定の支持を得ました。

そして、当時、共和党の下院議員の重鎮が、予備選挙でそのティーパーティの推した新人候補者に敗退するという革命が起きたのです。

また、民主党のオカシオ・コルテスは、ウエイトレスから身を起こし、今や民主党の下院議員における次世代スターです。それまで連戦連勝だった、日本で例えるなら、野党の派閥の長のような重鎮を予備選挙で蹴散らして出てきたツワモノです。

予備選挙を導入すると、そういう大番狂わせが起きます。逆に導入しない限り、各選挙区で永遠に安倍晋三、麻生太郎、小泉進次郎のような政治家が勝つのです。選挙が行われるだけで民主主義国だというなら、形ばかりの選挙を行い、実質的に選挙が無意味な半独裁国もまた、れっきとした民主主義国ということになってしまいます。問題は、選挙の仕組みと実態なのです。

実は、二〇世紀初頭まで、アメリカですら民主主義の象徴である大統領選挙に予備選挙はありませんでした。はじめて予備選挙が導入されたのは、中西部のウィスコンシン州。理由は腐敗防止です。

当時、同州では連邦政府と結びつく地元政治屋が完全に地方の政治を牛耳ってしまい、親族の便宜をはかり、関係企業と癒着し、特定の業者に仕事を発注しまくっていたのです。

「そんな腐ったことではいけない。党員が候補者を選ばなければいけない」

と導入されたのが予備選挙でした。

アメリカ偉い！

というよりも、政府や政治家に倫理的な問題があって腐敗がひどくなりすぎた結果、状況を改善するために予備選挙を導入したということでしょう。日本も小選挙区を導入してから約三〇年経っているので、そろそろ問題に気がついて予備選挙を入れたらどうかと思う次第です。

イギリスは折衷型

アメリカの他に予備選挙を行っている国として、先進国ではイギリスに似たような制度があります。イギリスでは、選挙区の候補者を党本部がリストを作成して整理しますが、選挙区の党員集会で、その中からまた選ばれなければなりません。つまり、党の指名と準予備選挙のセットです。

そのプロセスの中で、演説、判断力テスト、論文審査、コミュニケーション力、知識、信念などが厳しく問われることになります。

このように、各候補者が当選できる選挙区を勝ち取っていく文化がありますので、バカは生き残れません。そして、住民からも選ばれなければならないので、ヒラメ議員ではいけません。

日本の政党はすべての法案に対して党議拘束をかけて議員の投票行動をコントロールしますが、イギリスの場合は党議拘束をかけつつも、しばしば造反があります。イギリスは党執行部の権力が非常に強く、選挙も党主導であるために、議員の造反が存在することは意外なことと思われがちですが、各議員が独自の意見を持てる背景として、閣僚でない一般の議員たちが各選挙区の党員を代表して来ていることが挙げられます。最近ではさらに党執行部の力が強まりつつありますが、それでも各選挙区の党員らには候補者を選ぶ一定の権利が与えられています。

また、イギリスで大半の法案に党議拘束がかかるタイミングは、国会での自由な議論後に評決のための意思統一を行う段階です。日本のように、国会に提出する前に党と役所が密室の党議拘束ですべての法案を決めることはないと聞いています。

余談ですが、イギリスには貴族院があります。選挙によって選ばれたのではない貴族が法案を修正するなど、貴族の国の伝統が残っています。これで民主主義国なのか、という疑問もありますが、僕たち日本人も、あまり大きなことは言えません。なぜなら内閣法制局が法案の修正をしているからです。内閣法制局の官僚も選挙で選ばれていません。さらに、日本の内閣法制局は法の解釈や修正を密室で行っていて、それが世間にさらされることは、まずありません。貴族院という議会で堂々と議論しているだけ、イギリスのほうがマシとも言えます。

重複立候補の禁止

現在、衆議院議員選挙は小選挙区制と比例代表制を組み合わせて議員が選出され、両方からの重複立候補が認められています。そのため、小選挙区で落ちても、比例票で復活当選することもあり得ます。実際に多くの候補者が復活しています。

比例代表制の名簿の順位が上〈または親から引き継いだ惜敗率〈小選挙区選挙で、当選者の得票数に対する落選者の得票数の比率の差〉が高い世襲基盤も含む〉のほうにあれば、当選できる。これもヒラメ議員がたくさん当選する仕組みです。なぜなら、比例名簿は党幹部が作るからです。上層部から不利な条件で選挙をやらされたら何をどうしても、落ちてしまう。

そんな議員たちは、当然、有権者のほうなど向いていません。党幹部にしっぽを振って増税と規制強化に賛成します。

そもそも、選挙で落選した政治家が復活当選するのはおかしくないでしょうか。落ちたということは、有権者がその政治家はダメだと判断したわけで、議員としては死んだのです。落としたつもりの候補者が比例で復活なんて笑止千万。政党の都合でゾンビのように復活するなど許せません。

重複立候補とは候補者の保険のようなものです。

「選挙で負けても、どうせ比例で復活できるから、党の言うことを聞いていればいい」

これを許していては、有権者の投票の価値がなくなります。

有権者が落とした議員がゾンビ的に復活するこの重複立候補のルールも変えましょう。

任期制限の導入

本書では、約束と履行の大切さについて繰り返し述べてきました。

そして、約束には内容と履行時期が伴っているものです。「いつまでに何をやります」というのが大事ですから、任期制限を導入しましょう。国会議員は同じ選挙区から、三〜五回までしか出馬できないことにするのです。すると議員は腐敗できなくなり、有権者のほうを向いて約束を果たすようになります。

党の中で出世していくことに興味がない議員を作らなければなりません。任期制限があれば、辞めることが決まっていますから、党幹部のお伺いばかりたてているヒラメ議員にならないのです。まず、任期制限導入に賛成の議員を当選させていきましょう。

アメリカでも、腐敗防止のために任期制限を法制化しようとする動きがあります。予備選挙も浄化の手段として有効なのですが、さらに任期制限でダメ押ししましょう。

腐敗は日本も同様です。地方によっては政治家とその親族および関係者によって、地域の主要な産業が支配されています。役所からの発注も実質的には、政治家の息のかかった関連企業を通してすべてピラミッド構造になっていて、事実上割り振られていると言います。もちろん表面上は合法的な形態を取るため問題にはなりませんが。

民主主義を本当の意味で機能させるためには、予備選挙および任期制限が必要です。

日本で世襲議員が多いのは、予備選挙がないことに加え、任期制限がないからです。個人が長く居座るだけでなく、それを幾世代にわたってつないでいくのですから、当然、腐敗の温床となります。

政治を家業にさせないようにしましょう。僕たちにとって重要なのは、約束を履行する政治家を送り出すことです。国民を臣下としか見ないお殿様はいりません。

政治家は使い捨てでいい

諸外国には若い首相がいます。二〇一五年、カナダで四三歳のジャスティン・トルドーが首相になりました。二〇一七年にはオーストリアで三一歳のセバスティアン・クルツが、二〇一九年にはフィンランドで三四歳の女性サンナ・マリンが首相に就任しました。

イギリスでは、古くはウィリアム・ピット（小ピット）が二四歳で首相に就任しています。これは階級制の時代ということもあったでしょうが、現代でも、トニー・ブレアは四四歳で首相になっています（一九九七年）。

日本では伊藤博文が四四歳で初代総理大臣になったのが最年少ですが、これは「重鎮」がいない近代日本創生期の話。戦後は安倍晋三の五二歳が最年少記録で、首相とは、だいたいお年寄りがなるものでした。

年齢もさることながら、日本では「当選回数」が大事です。一回や二回ぐらい当選しても何の力もない。当選して議員になったら、即バリバリ仕事ができるというものではないのです。普通、新人は何もできません。

一方、N国の浜田聡さんのように、当選数ヶ月で減税法案の骨子を一週間かからずに作成して国民に提示する人もいます。この違いは何でしょうか。

日本の政治家が偉くなるのに、なぜ当選回数を重ねなければいけないのか。それは、官僚に頼っているからです。

政治家が（若い頃に）当選し、若い官僚と政治上の関係ができます。この二人（とは限りませんが、説明を簡便にするために二人とします）が二人三脚で出世していくのです。議員は当選回数を重ね、官僚も年齢とともに役職が上がっていきます。そして、晴れて双方が偉くなったときに、タッグを組んで政官界を支配できるという構造になっているのです。

つまり、当選回数を重ねた政治家の力が強いのは、役所（特定の官僚）と癒着しているからです。一生をかけて、癒着の構造を深めていき、それに乗っかって国のトップに立っているのです。

言い換えれば、各省庁の役人が、相棒の政治家が偉くなったときに権力を握るシステムです。だから、本当に強いのは政治家ではなく、官僚です。

『行政学講義――日本官僚制を解剖する』（金井利之、ちくま新書、二〇一八年）では、官僚の側からの見方として、「政権党への忖度力の高い官僚が、政治家からも評価され、行政組織内で昇進して人事権を握る」（四〇頁）とあります。

また、官僚の中立性に関して、「日本官僚制自体は、万年政権党に与する党派性を全体として帯びます。自民党系以外の人脈は存在しませんから、党派的に偏向しているという事実すら意識され得ません。強度に一党派化したがゆえに、自民優先的な行政運営であっても、『中立性の神話』が維持されるのです」（前掲書、二六八頁）と、もはや、誰も疑問に思っていない現状に対する強烈な皮肉となっています。

僕らとしては、政治家が当選回数を重ねないと仕事ができないというシステム自体を壊していかなければいけません。

政治家が官僚の言いなりでは困ります。しかし、政治家が、各種領域において、それ専門の仕事をしている官僚に、「素手」では太刀打ちできません。そのために必要なのが民間のシンクタンクです。独立したシンクタンクが政策的に政治家を支えていく体制にしなければいけないのです。

任期制限導入は、官僚との癒着を断ち切り、政治家に本来の仕事、政治をしてもらうためにどうしても必要なのです。今のままでは彼らは官僚のスポークスマンです。政治家ではありません。

ある党が「任期制限を導入します」と決めたら、それは「役所との癒着を我が党は断ち切ります」との宣言です。

任期制限の導入をすると、「すべての増税に反対」も「規制を廃止する（二対一ルール）」も比較的容易に導入できるでしょう。逆に、当選回数を重ね、官僚と癒着してはじめて偉くなるシステムの政党に、そんなことができるはずはありません。党内で出世しよう、官僚と癒着して利権を得ようとする政治家には何回当選してもできないことも、出世欲ではなく、政策欲のある浜田議員のような人は当選一回目からどんどん推し進めることができるのです。

個人的には、任期は三期でいいと思っています。百歩譲って五期（現職の首相は例外）。当選三〜四回で、大臣ないし副大臣に、五期あれば総理大臣になります。どう考えても、それ以上続ける必要はありません。

任期制を設けると、その悠長な出世階段はなくなるか、短縮されるでしょう。そのためには、独立した民間のシンクタンクが必要です。充実したブレーンを持ち、利用することで、大臣への道を早めることができます。

さて、当選回数を重ねた政治家が政界を去るのは惜しいことでしょうか。

「せっかく育てた政治家を……」という発想を変えてください。それが「利権をよこせ連合」との癒着を生むのです。議員は原則として使い捨て。五回も当選させたら、その議員はすでに汚れています。汚れた政治家はお掃除ワイパーよろしく、むいて捨てなければいけません。最初はきれいな状態で出荷されても、政治家とはそのようになる運命なのです。必ずしもその政治家個人が悪いわけではなく、システム上の問題です。

約束を果たし、成果を出したら、それでいいのです。後は、次の候補者が出ればいい。政治家は家業ではなく、仕事です。

成果を出した人でも辞める。まして成果を出さない人が辞めるのは当然です。解散を考慮して衆議院一期平均三年程度とすると、五期務めたら約一五年です。毎年、議員報酬を払って一五年、ただ議場に座っているだけなら、何の存在価値もない。いるだけの人には辞めてもらって、若くて有能な人を議会に送り出しましょう。そのためにも、任期制限が必要です。

ちなみにイギリスでは、政治家として目が出ない人は、他の仕事にどんどん変わっていきます。新陳代謝が激しいのです。また、総理大臣を辞めたら議員も辞職します。日本でも、そうすべきでしょう。いつまでも議員を続けても老害になるだけです。

小泉純一郎は首相退任後、次の衆議院選挙には立候補せず、政界を引退しました。日本では珍しがられますが、イギリスでは普通のことです。ロンドンへの留学経験のある小泉さんだからこその判断だったのかもしれません。イギリスが何でも正しいわけではありませんが、この点は学ぶべきだと思います（ただし、代わりに小泉進次郎に地盤を世襲させた点は論外だったと思います）。それに、元首相の先輩が同じ職場にいたら、他の人は仕事しづらいでしょう。

野党から変える

以上、本章の後半で提案してきた選挙・政党のルール変更は、政党次第です。予備選挙と任期制限の導入、重複立候補の禁止、いずれも公職選挙法や政治資金規正法を改正する必要はありません。政党が「我が党は真面目に民主主義をやります」と決めるだけで実行可能です。

現実的なのは、まず野党に働きかけることでしょう。

今の野党にあるのは、党の看板と、「新しい」以外よくわからないイメージだけ。

個々の議員も容姿端麗なタレントやスポーツ選手が公認をつけられて、まるで人気投票のよう。でも、そうやって選ばれたタレント議員は党幹部の言いなりです。左派系なら連合の言いなり。結局、与党も野党もよってたかって有権者をバカにしています。

野党が生まれ変わり、率先してルール変更に取り組み、それが有権者の支持を集めたら、強い政党になると思います。

きれいごとではなく、野党がまともな政治をするためには本章の変革は絶対必要条件です。政治家と官僚がタッグを組んで出世していく現行のシステムは、それ自体問題ですが、根本的に与野党の政権交代がないことを前提としています。だから、鳩山・菅・野田時代の民主党のように、たまに野党が政権を取ると調子が狂ってしまう。

あのとき民主党がバカに見えたかもしれませんが、自民党が賢いわけではありません。自民党のバックに官僚がついていて、官僚がプロンプターとなってお利口なことを舞台裏でささやいてくれるから、表舞台でそこそこの演技ができるだけです。民主党には官僚というプロンプターも独自のシンクタンクもなかったので、本当に何もできないのが丸出しになってしまったわけです。

以上「予備選挙の導入」「重複立候補の禁止」「任期制限」三点のルール変更は、「我々は真剣に有権者に向き合っています」というメッセージとなるでしょう。これが実現することによって、はじめて慣習として約束が守られるようになります。

逆に、この三点に反対する党は、約束を守る気がない党です。そして、約束を守る気がない政党の議員に約束をさせても無駄です。

今までも、さんざん「私はこの増税法案に反対です」と言いながら、賛成に投票する議員がほとんどでした。

そもそも政党のルールが約束を守る体制になっていない。

わかる人には最初からウソだとわかっています。しかし、政治に詳しいわけでもなく、普通に生きている人は、政治家がいいことを言うと「そうだよね」と思ってしまう。信じたいことを言われると、つい信じてしまうのです。

茶番劇なのですが、「がんばれ〜」と応援し、最後には裏切られる。そんなことを繰り返しているうちに「どうせ政治家はウソつきだ」と政治そのものを全否定することになってしまい、無党派層という名の無関心層が形成されてきました。

政治家は単純に選挙で生き残りたいだけです。そして、このまま何もしなければ、何も変わりません。政治家に約束させ、履行させ、その行動を監視しましょう。

何を約束させるか。

本丸の「減税」「規制廃止（二対一ルール）」はもちろんのこと、それと同様に大事なのが、本章後半の政党のルール変更三点セット「予備選挙の導入」「重複立候補の禁止」「任期制限」です。

＊1　ドナルド・J・トランプ大統領が規制緩和を実現
https://www.whitehouse.gov/briefings-statements/president-donald-j-trump-delivering-deregulation/

第四章

一票の力

ワタセユウヤ「政治家に圧力をかけてください！」
フォロワー「官邸にメールをしておきました！」

行動することは大事ですが、モノにはやり方というものがあります。

何かしなければ、と思う気持ちはわかりますが、官邸にメールしても無駄です。あの人たちは、官邸に送られてくるメールなど、ろくに読んでいません。

国政を担っているのは官邸ですから、官邸を動かせれば政治は変わります。しかし、そう簡単に動かせるところではありません。官邸は一般有権者のことなどゴミだと思っています。メールを送ったところで絶対に見ません。方法が間違っています。

ここは「急がば回れ」です。

五～一〇％の力——過半数はいらない

これまで、本書では、なぜ減税や規制廃止が必要なのかを話してきました。

「そうはいっても、本当にそんなので減税なんかできるのか」

ここまで本書を読んだ人でも、そう思っている人がいるかもしれません。

できます。

では、税金を下げるためにはいったいどれくらいの人の賛成が必要なのでしょうか。

端的に言って、有権者の一〇%です。序章で公明党の例を挙げましたが、あれが一〇%の力です。

「公明党」では特別感がありすぎるので、もう少し抽象化しますと、

・選挙で一〇%の得票力がある（一〇%が、外側からも塊となって見える）。

・その塊が一生懸命に（選挙のときばかりでなく、年がら年中）声を上げる。

以上の条件が整えば、減税でも、どんな規制廃止でも、できます。

議決は多数決で行われるものですから、五一%の議席を取らなければならないと勘違いしている人がいますが、そんなことはありません。

公明党は二〇二〇年春のコロナ対策に関して、閣議で決まった第一次補正予算をぶっ潰して一律一〇万円の補正予算をねじこみました。やろうと思えば消費税の五%程度の予算を、一瞬で右から左に移せる。ということは、そのぐらいいつでも減税できるということです。

確かに法案などを議決するためには過半数が必要なのですが、そもそも自民党が安定政権を保つためには公明党の協力が必要なのです。それで、得票率一〇%の公明党が政権内で拒否権を持っている。逆に言えば、一〇%でキングメーカーになれる!

日本全国には、(選挙権のない若年人口を除くと)約一億人の有権者がいます。投票率約五〇~六〇%とすると、一〇%とは五〇〇万~六〇〇万票強です。これだけ得票できれば、税金を下げられるのです。

「六〇〇万票」では大きく見えるかもしれませんが、小選挙区が約三〇〇ありますから、選挙区当たり二万人の勘定になります。ただし、僕が政治事務所の中で感じた感覚からすると、議員に無視できない勢力と認識させるには、選挙区当たり数千~一万人弱でも十分です。また、得票率一〇%は公明党をイメージした数字ですが、実際には七~八%程度でも、相当の威力を発揮します。これは共産党と同程度です。

実際に共産党が一方につくと政権維持や政権交代に大きな影響力を及ぼしています。大阪では自民党と共産党が共闘するという珍妙な事態になっていますが、そうでもしないと維新に勝てないと思うから、背に腹は替えられないのです。

一般的に小選挙区で当選するためには、約一〇万票が必要です。二万～三万人の塊があれば、それがどちらにつくかで各小選挙区における勝敗を左右することができます。なかには特定の党が圧倒的に強い選挙区もあるので、そういうところは難しいと思いますが、そんな区域でも、そのときどきの選挙の争点によっては、流れやトレンドを生み出す力として無視できないものとなるでしょう。

各小選挙区二万～三万人の勢力が全国で同じ方向に怒りを発散させたら、政権交代が起こります。この塊が「減税しろ」もしくは「増税反対」を叫ぶと、絶対に増税することはできなくなります。もし増税したら政権交代ですから。

ですから、半分以上取らないと負けと思わないことです。もちろん、議席が多いに越したことはありませんが、目標が高すぎると息切れしますし、税金を下げるためだけなら、そんな必要はない。五割どころか、その十分の一でOKです。

全国で、公明党レベルで五〇〇万～六〇〇万人強、共産党レベルで四〇〇万～五〇〇万人。この数字でピンとこない人も、N国ならわかりやすいでしょうか。彼らは何もないところから出発して、短期間のうちに約一〇〇万票集めました。僕たちが目指すのは、N国×五の勢力です。これで、増税がふせげます。

「政権を取ることなんて不可能だ」

それは（今のところ）確かにそうです。しかし、税金を下げるだけなら、五～一〇％でいいのです。

どっちを向いても悪夢

「悪夢の民主党」――。二〇〇九～一二年の鳩山・菅・野田政権時代を指してこう呼ばれます。減税すると言っていたのに、いつのまにか増税し、東日本大震災ではオロオロするばかりでロクに対応できず、侵攻してくる中国に対して尻尾をふるかのような外交姿勢。国民からあきれられました。

確かにひどかったのですが、民主党が悪夢だったのではありません。どの政党が政権を取っても悪夢なのです。

「〇〇党は……」は情弱専用ワードです。「情弱」とは情報弱者の省略語。大新聞やテレビなど、従来型の大手メディアにしか接していないために、いまだ「利権をよこせ連合」側によってお膳立てされた「大本営発表」を信じている人々のことです。

党で判断するのはやめましょう。

右だの左だのもあまり関係ありません。汚職、腐敗、売国奴、アメポチ、中国のスパイなど、これらを各党にレッテル貼りして、どちらが悪い、どちらが正しいと論じるのをやめましょう。

各党の裏側に「利権をよこせ連合」が控えています。自民党には各種業界団体が、左翼系野党には労働組合、特に公務員労組がいる。彼らは「利権をよこせ連合」そのもの。そして、今ある主要政党は、利権に表面上のコーティングを施す代弁者に過ぎないのです。

先に大阪の自民・共産共闘の話をしましたが、自民党と共産党では表面上、真逆の立場です。主義主張があんなに異なっていても、つまるところ「利権をよこせ連合」だから組める。

国政において、五五年体制の自民党と社会党はあたかも対立しているかのように装い、それを演じ通しましたが、大阪の自・共は建前をかなぐり捨て、本音を出しました。彼らがただの利権屋であることがよくわかる事例です。

敵の本丸は「利権をよこせ連合」

特定の党が敵なのではありません。本当の敵は「利権をよこせ連合」そのものです。これに対抗する軸を作らない限りは、どんなに政権交代しようが、自民党だろうが、民主党だろうが、有権者・納税者にとって、どっちも悪夢なのです。

その対抗軸を作ることが、僕たちの活動です。本書では「税金を下げろ連合」と呼んで、方策を提案してきました。

ただ、「官邸にメール」ではなく、効果のあるところから始めましょう。政党にアプローチするのも「官邸にメール」に近いものがあります。それよりも政治家一人ひとりに徹底的に圧力をかけたほうが効果的です。

「党」という塊はもう救いようがありませんが、一人ひとりの議員は人間です。どの党にも利権にどっぷりつかっている人も、そうでない人もいます。

今のシステムでは、当初は志を持っていた人でも、当選するために利権側につかざるを得なくなってしまいます。減税してくれる人、規制を廃止してくれる人を応援しましょう。

国政なら各選挙区の議員に言ってください。ツイッターでも、メールでも、ファックスでも、電話でもいい。

「減税に賛成ですか。そのために何を、いつまでにしてくれますか」

その結果を地域で拡散してください。

「○○議員は減税すると言っています。○月までに○○法案を出すそうです。応援しましょう」

「××議員は増税派です。絶対に落としましょう」

それが一番効くのです。

まず近い人から始めてください。いきなり大臣に送りつけてもダメです。遠ければ遠いほど、うまくいきません。

各選挙区に「税金を下げろ連合」の砦を築いていくことが先決です。

代弁者は、ぶっちゃけ何党の議員でもいいのです。自民党だろうが、民主党だろうが、公明党だろうが、なんだっていい。大事なのは、その議員に影響を与えることです。次のどちらかがあれば、その議員を変えることができます。

・「利権をよこせ連合」側よりもこちらの票数が多い。
・「利権をよこせ連合」より票数が少なくても、こちらに勢いがある。

政党は表面上の看板に過ぎません。「政党」を支持するのは愚の骨頂。「政党」を批判しても響かない。いずれにしても「政党」で議論している限りはダメです。個々の議員を変えていきましょう。

まずは地方政治から変えよう――地方議会に請願

遠い政治家ほど影響力の行使は難しくなります。官邸は遠すぎますし、ただの国会議員でもこちらのアクションになかなか応えてくれません。前項のように選挙で落とすことはできますが、すでに当選している「国会議員」を動かすのは、けっこう骨なのです。しかし、地方議員からはビンビン反応が返ってきます。

有権者が手軽にできる楽しい圧力として、ツイッターで議員に激励・催促する方法があります。

例えば、ツイッターで次のように書き込むのです。

「減税に賛成ですか？」

返事が「賛成」だったら「応援します」、「反対」もしくは口をにごしたような感じだったら、「落選してください」と書き込みましょう。

たとえ、議員が回答してこなくても、それはそれでＯＫ。ツイッター上のやりとりはコメント欄に残りますので、議員の支持者は、議員が回答しない姿を見ることになります。

もしかしたら、有力支持者がそれを見て電話をかけ、「こんな議員は応援できない」と怒鳴る。すると、議員が顔面蒼白に……ということも起こり得ます。ちなみに、僕はある政治家に一旦ブロックされたのに、それで解除されたと聞いています。

それでは物足りない人、ぜひ地方議会に請願を出してください。ツイッターよりは手間ですが、書類そのものは一時間もあれば作成できます。

地方議会で一人の議員がそれを取り上げ「消費税減税についての意見書を地方議会として出してください」と請願を出すと、各会派ごとに、その請願に対する賛否を出さなければなりません。その際、各議員が○×と、その理由を答え、それが議事録に全部残るのです。

有権者は、その言動をもとに各地方議会の議員に関して、次の選挙で応援するか、落とすかを決めることができます。

僕の地元、品川区では筒井ようすけ議員が快く引き受けてくださいました。この件で、インターネット番組「チャンネルくらら」の「地方議会から国会に『消費減税』請願を出そう！」（二〇二〇年五月一五日配信）にもご出演いただきました。[*1]

番組中、地方議会では主に請願について議論していること、請願を出しているのは主に左派系に偏っていることなど、お話がありました。

左派は草の根運動をバッチリ使って地方議会の議題を独占しています。僕らも、この手を使って地方から減税運動を起こしていきましょう。

なお、「政府に消費税減税を求める意見書」のひな形を作りました（図表7）。当番組説明欄からダウンロードできます。

これまで地方議会議員の選挙となると、ガチガチの組織票となんとなくの浮動票で、だいたい予想通りの結果が出ていました。

組織票として固まっている人たちは、特定の決まった候補者に投票します。だいたい一五〇〇票が相場です。

政府に消費税減税を求める意見書

令和２年○月○日

国民は新型コロナウイルス問題及び政府による自粛要請に対応し、特に中小企業経営者及び被雇用者は経済的負担に耐え抜く努力を行っています。しかし、国民所得低下や雇用不安定化などは避けがたい状態となっています。

2019年末に８％から10％に引き上げられた消費税引き上げ等の影響もあり、同年10月から12月までの四半期実質GDPマイナス7.1％（年率）という大幅な減退となっています。

現在の新たな経済危機の状況にも鑑み、生活者目線に立って、消費税減税を行うことが必要です。

社会保障の原資は着実な経済成長がもたらす果実であり、国民所得を引き上げ、雇用を創出し、生活環境を改善することです。その結果として感染症対策を支える公衆衛生が改善し、高齢者・障害者等の福祉の財源も充実します。

消費税減税は地方財源に影響を与えることも想定されますので、同減税に伴って国が地方公共団体に対する財政措置を行うことも重要です。

上記の趣旨を踏まえまして、消費税率の引き下げを国に求めます。

以上、地方自治法第99条の規定により、意見書を提出します。

令和○○年○月○日

○○議会

図表７　政府に消費税減税を求める意見書

無党派層は気分で決めます。掲示板に五〇人ぐらいおじさんのポスターが並び、その中に一人だけきれいな女性がいたりすると、「この人に入れようかな」と思ったりする。また、僕はかなりの人の投票行動を見てきていますが、無党派層の人たちは、自分に外観が似ている人に入れる傾向があります。

しかし今後、多くの人が請願に賛成した人に投票する、反対した人には絶対に投票しない、という基準で投票すれば、「税金を下げろ連合」側の地方議会議員を作っていくことができ、大きなパワーになります。

組織的に投票、組織的に圧力

意見書や請願書の提出は普段からできますが、乗ってくれる議員がいなければ話になりません。味方の議員を議会に送り込みましょう。

人口二〇万人の地方自治体で議員を一人出すのに必要な票数は一五〇〇〜二〇〇〇票です。地方議会の定数は人口によって定められていますが（図表8）、この場合、三五人として、「税金を下げろ連合」が一〇％（二万人）いれば、議員を一〇人ぐらい出せる計算になりま

○人口区分に応じて上限を以下のとおり団体の人口区分ごとに法定。その数を超えない範囲内で条例で定数を定める。（法§90、91）
○町村は、条例で、議会を置かず、選挙権を有する者の総会を設けることができる。【町村総会】（法§94）

人口区分		定数の上限
都道府県	人口 100万～	46人～120人（人口が7万人増加するごとに1人ずつ増加）
	人口　75万～100万未満	41人～45人（人口が5万人増加するごとに1人ずつ増加）
	人口　75万未満	40人
市	人口　90万～	64人～96人（人口が40万人増加するごとに1人ずつ増加）
	人口　50万～90万未満	56人
	人口　30万～50万未満	46人
	人口　20万～30万未満	38人
	人口　10万～20万未満	34人
	人口　5万～10万未満	30人
	人口　5万未満	26人
町村	人口　2万～	26人
	人口　1万～ 2万未満	22人
	人口　5千～ 1万未満	18人
	人口　2千～ 5千未満	14人
	人口　2千未満	12人

出所）総務省
https://www.soumu.go.jp/main_sosiki/singi/chihou_seido/singi/pdf/No29_senmon_10_si5.pdf

図表8　議員定数

す。一〇人出れば、地方議会ではほぼ第一党になれます。そして、それだけの票数があれば首長さんも当選するためには、頭を下げてきます。

　また、地方議会には各種委員会があり、委員会に地方議員が配置されていないと、その委員会が所管している減税の話はできない仕組みになっています。しかし、一定数議員がいれば、各委員会に一～二人配置できます。そうなれば、あらゆる分野の減税を提案することが可能となります。

しかし、ランダムに投票に行ったのでは、そううまくいきません。たまに、改革派の政治家が選挙に出て、人望や人気を集めます。一人で六〇〇〇票を取り、一位当選。有権者も大喜び。「やった〜、これで政治がよくなる！」と思いきや、実際には何も変わらない。そんなことがよくあります。

「私が市政を改革します」と力んだところで、一人では何もできません。組織化されていない無党派層の投票行動によって、こういうフワフワした選挙になるのです。これでは意味がありません。

「税金を下げろ連合」の真価は、ここで発揮されます。組織的に票を割り振るのです。一人が大量に（例えば六〇〇〇票）得票して一人しか出せないより、組織化された「税金を下げろ連合」が二〇〇〇票ずつに票を割って三人当選させたほうがはるかに強い。そして、二万人いれば味方候補者を一〇人当選させることができます。つまり、有権者の一〇人に一人が「税金を下げろ連合」であれば、市民税を下げたり、青少年健全育成条例などバカな条例を葬り去ることができるのです。

もう一つハードルが、ぐんと下がる話をします。

選挙で当選させるためには何千人もの票が必要なのですが、地方議員を一人動かすだけなら、該当エリアの有権者が五人もいればできます。

政治家は人に会うのが仕事です。そして、地方議員は五人の集会でも喜んで来ます。いきなり一人で事務所に行っても、その場にいると相手をしてくれます。

地方政治家は、実は簡単に近づくことのできる存在なのです。そして、こちらが五〜一〇人もいれば、意見を変えさせたり、議会で質問をさせることもできる。

数人で議員を囲む会を催し、「減税してほしいんです。地方議員に請願を出してください」などと要求するのが確実です。ちょっとした知り合いなら囲む会もいりません。知り合いでなくても、もともと減税に賛同してくれている議員なら、ちょっとお願いするだけで、快く請願を提出したり、質問したりしてくれるかもしれません。

特定の議員一〇人に狙いを定め、例えば、各議員に五人ずつ配置して圧力をかければ、その一〇人を変えることができます。つまり、議員一〇人の意見を変えるのに必要な票数は、実は、たったの五〇〜一〇〇票なのです。

ただ、反対したいものに反対するのもいいですが、それをランダムにやっていたのでは無党派層によるフワフワ選挙と同じになってしまいますので、前もって打ち合わせが必要です。

「僕はゲーム規制条例に反対するよう圧力をかけるから、君は増税に反対するよう圧力をかけてね」と。

「税金を下げろ連合」のような組織としての塊があれば、人数割などを考え、自分の関心事は他人にまかせて、他人の関心事に協力してあげるような取引ができます。敵の敵は味方論理で味方の数をどんどん増やし、一丸となって議員に圧力をかけ続けるのが効果的です。

従来は、規制反対や増税反対など、各勢力がバラバラにやっていたことを、一つの枠組みとして活動する。そうなれば、各議員ひいては全議員に圧力をかけることができるようになり、政治が変わっていきます。

まず、地方から変えていきましょう。

地方とは国会議員の足腰です。足腰が変わっていけば、最終的には国会議員も影響を受けます。選挙区の足腰が「減税しろ」と言っているのに、自分だけ「増税しろ」と言うわけにはいかない。

数さえ集めれば「税金を下げろ連合」が選挙の足腰になります。そして、最終的には衆議院議員選挙の小選挙区での勝敗に直結していく力になるのです。

マインドセットを変える

有権者のみなさん、なによりもまず自分は無力だというマインドセット（考え方・固定観念）を変えてください。一票は確かに一票でしかないのですが、その一票は使い方によって、まったく威力が変わるのです。それをまず自覚してください。

例えば、投票場に行きます。ある候補者の名前を書きます。パシャと写メを撮って、当の議員に「オレはあんたに入れた。減税しろよ」とメッセージ。すると、これが水戸黄門の印籠「この御紋が目に入らぬか〜」のような感じで、けっこう効きます。もっとも、総務省が投票所での写真撮影を原則として禁止してしまったので、今は難しくなりましたが。

自分に一票入れた人の言葉は効く、それは変わりません。一票入れることはもちろん大事ですが、その前後の行動に一工夫いれると、その一票の価値が異なってきます。

無党派層と呼ばれている僕らには、本当は力があるのです。

政治家は、今は一般有権者をＡＴＭとしか思っていませんが、意思あるＡＴＭが金を吐き出すことを拒否したら？

「あれ、このカード、止まってる!?」

ＡＴＭから突然、お金が引き出せなくなったら、彼らも考え始めます。

そうなって、はじめて政治家はＡＴＭの横の電話機を使って原因を尋ねるようになるのです。

まずは、引き出し不能のＡＴＭになりましょう。

現状を打破するために

この国では「リベラル」は、政府によるほぼすべての種類の規制や管理に対する支持を意味するようになった。そのせいで自由を本気で信じている多くの人の頭が混乱してしまったのだろう、この言葉は左派の格好の隠れ蓑となっている。……それどころか、左派を非難して「リベラル」と呼び始め、この言葉の誤用に拍車をかけた……。この誤用の結果、真のリベラルが自分たちを保守と名乗らざるを得ない羽目に陥ったのだから、まことに嘆かわしい。

新自由主義の代表的思想家、ノーベル経済学賞受賞者フリードリヒ・ハイエク（一八九九～一九九二）の代表的著作『隷従への道』（日経BP社、二〇一六年）アメリカ・ペーパーバック版序文の言葉です。「この国」とはアメリカのことですが、日本にも見事に当てはまります。

「みんなのため」「弱者を保護するため」などと、もっともらしい耳触りのいい言葉をつらねて、その実、行われていることは利権確保であり、官僚による統制であることが多い。利権屋は与党政治家と官僚ばかりではなく、野党も同じです。

本書で、そのことがよくわかっていただけたと思います。本来は僕らこそが真の改革派です。自由を求めるリベラル（liberal はラテン語 liber「自由な」が語源）です。意味が逆転してしまった昨今は使いにくいですが。

かつてジャパン・アズ・ナンバーワンと言われた日本が、その後、復活したアメリカに水をあけられ、遅れた途上国だった中国に経済規模で負け、今のままでは、もしかしたら日本よりも人口の少ないドイツにも抜かれてしまうかもしれない。

しかし、よく考えてみると、日本はまだ経済大国第三位です。この段階で、税金を下げて、規制を少なくすれば、今の日本の力をもってすれば、もう一度、輝きを取り戻せるかもしれない。逆に、がんじがらめの現状を変えなければ、ナンバーフォー、ナンバーファイブへと確実に落ちていくでしょう。

日本は暴君・暗君の歴史がないものですから、為政者に対する信頼感が高い。現在の政府も悪逆非道というほどではありませんが、さすがにもう何とかしないという段階に来ています。

僕は日本をよくしたいと思っている人に読んでもらいたいと思ってこの本を書きました。政治を正すのは有権者の務めです。しかし、民主主義とは名ばかりで、実を伴っていないために有権者の声は政治に届かない。選挙は選挙本来の役割を果たしていない。これまで有権者が無力感に襲われるのもいたしかたない状況でした。

この現状は打破しなければなりません。

一人の力が政治を変える

今年（二〇二〇年）六月、N国の浜田議員が参議院で質問主意書を提出しました（図表9）。質問主意書は文書による質問で、議長に提出され承認を受けると、内閣は一定期日内に答

質問主意書

第201回国会（常会）

質問主意書

質問第一五五号

消費税が福祉財源に充てられているというのは増税するための理由付けに過ぎないという与党の見解に関する質問主意書

右の質問主意書を国会法第七十四条によって提出する。

令和二年六月十六日

浜田　聡

参議院議長　山東　昭子　殿

消費税が福祉財源に充てられているというのは増税するための理由付けに過ぎないという与党の見解に関する質問主意書

二〇一九年十月一日、消費税が八%から十%に引き上げられた。安倍政権はこれまで二度にわたって増税時期を延期してきたが、世界の先頭を行く高齢化の進展で、医療や介護などの社会保障コストが膨らみ続けていることや、教育無償化の充実に向けて財源の確保がいよいよ待ったなしとなり、増税に踏み切ったとされている。

財務省のウェブサイト「これからの日本のために財政を考える」というページを拝見すると、「消費税率引上げによる増収分は全て社会保障に充て」ると記載されている。

これらを踏まえて、以下質問する。

一　消費税は基本的には一般会計に入れられ、特別会計化されていないと承知している。消費税の法律上の大義名分と財務会計上の運用が全く異なるという認識は政府にあるのか、政府の見解を伺いたい。

二　二〇二〇年六月十一日に自由民主党の安藤裕衆議院議員はＴｗｉｔｔｅｒ上で「消費税は一般財源ですから福祉財源に充てられているというのは増税するための理由付けに過ぎません。」と述べている。この見解が与党の見解だとすると、与党は増税の詭弁を掲げて前回の総選挙を戦ったことになると考えるが、与党と密接な関係にある政府の見解を伺いたい。

なお、本質問主意書については、答弁書作成にかかる官僚の負担に鑑み、転送から七日以内での答弁は求めない。国会法七十五条二項の規定に従い答弁を延期した上で、転送から二十一日以内には答弁されたい。また、答弁書の文字がいわゆる青枠の五ミリ以内に収まっていなくてもかまわない。

右質問する。

出所）参議院
https://www.sangiin.go.jp/japanese/joho1/kousei/syuisyo/201/syuh/s201155.htm

図表9　質問主意書

えなければいけません。浜田議員の質問は次の二点です。

一　消費税は基本的には一般会計に入れられ、特別会計化されていないと承知している。消費税の法律上の大義名分と財務会計上の運用が全く異なるという認識は政府にあるのか、政府の見解を伺いたい。

二　二〇二〇年六月十一日に自由民主党の安藤裕衆議院議員はTwitter上で「消費税は一般財源ですから福祉財源に充てられているというのは増税するための理由付けに過ぎません。」と述べている。この見解が与党の見解だとすると、与党は増税の詭弁を掲げて前回の総選挙を戦ったことになると考えるが、与党と密接な関係にある政府の見解を伺いたい。

ここに出てくる安藤裕議員とは、日頃は「減税」を唱えている議員です。自民党の自称減税派議員はネット上で威勢のいいことを言いながら、実際の議場では閣僚のチワワよろしく、何も言わずにおとなしく座っているだけ。何のための議席か。

そんな状態に業を煮やした浜田議員が消費税の問題点について質問したのです。自民党議員がツイッター上でつぶやくだけの発言を、浜田議員が実際の国会で代弁した形です。

国会での質疑は所属会派の議員数によって時間が決まっているので、少数会派の議員はなかなか質疑時間がもらえないのですが、質問主意書は議員であれば誰でも提出できます。人数は関係ありません。

浜田議員は、議場外でのパフォーマンスのみに励む議員の鼻をあかし、民主主義の健全化に向けた大きな一歩を踏み出しました。

これを、どんどんやっていかなければいけません。

市井の人、普通の人が政治を変える実感がある社会にしていかなければいけません。今までのように、政治家や官僚におまかせしていてはダメです。

方法はあります。あきらめないでください。そのための方策はすでに述べてきた通りです。すでに浜田議員のような人も出ています。こういう議員を増やしていきましょう。

僕が言いたいことは「減税・規制撤廃して、世の中をよくしよう！」に尽きます。

規制や税金がなければ、どんどん新しいサービスができて、いまだに日本は世界に冠たる国だったかもしれません。しかし、国民すべてが薄く広く負担させられていて、危機意識がなかなか芽生えてこなかったのです。それで、規制と税金が増え続け、新しい産業の興らない国になってしまいました。

税金が安くて規制が少ない、そんな時代にしていくことによって、日本はもう一度、元気になります。

強い日本が見たいのであれば、「税金を下げろ連合」に集いましょう。本書にもいくつか方策を挙げていますが、一つでもいい、行動に移してください。そして、日本の反撃の時代を一緒に迎えましょう。

＊1　https://www.youtube.com/watch?v=DYa_pdlGpC0

おわりに

本書は、僕の話したことをもとに書き起こした初めての本です。

今回、なぜこのような形式の本にしたかというと、普段、僕が多くの人に話していることを分かりやすく伝えるための最適な方法が「話している内容をそのまま書き起こすこと」だと気づいたからです。

本書は実践の書であり、実際に行動する人のための指針の書でもあります。世の中には、経済理論や財政理論に関する本は山ほど存在していますが、その本に書いてある理論を実現するための方法が記されているものはほぼ皆無です。

そのため、リアルでもネットでも「政治に関心がある人々」の議論は、中途半端に「〇〇という理論を勉強しましょう」というものばかりで、実際の政治行動には何の役にも立たないどころか、理論を語ってマウンティングするだけで満足する症状も起きています。酷い例になってくると、国会議員自らが理論を繰り返すだけで何ら実行力を持とうとしないケースすら存在しています。

僕はこの状況に対して常々不満に思ってきました。そして、税金は下げたほうがよい、規制は少ないほうがよいと結論している人であっても、それを実現するためには何が必要なのかを知っている人は、非常に少ないのです。だからこそ、現実の社会では増税や規制増加が繰り返されてきたものと確信しています。

まずは、国民一人ひとりが「自分は無力だ」と思っている状況から、数の力を結集して物事を変えていくことが大事です。この本を読んでくださった人には、各々の目的とする税目や規制の違いを超えて団結し、そして政治圧力を形成することの重要性を学んでいただけたと思っています。

本書は平易な言葉を使って、税金と規制について「誰が味方で、誰が敵なのか」「何を変えるべきなのか」「どうすれば変えられるのか」をまとめたものです。あとは、実際にアクションに移すだけのことです。そうすれば、より多くの学びを得ることができ、また皆さん自身の経験としてフィードバックされるはずです。実際にアクションを起こしてみてください。そうすれば、政治に参加する手ごたえが得られるとともに、政治を変えられる可能性を見出すことができると僕は確信しています。

　トライ&エラーは、挑戦と挫折を繰り返すことです。でも、安心してください。ＳＮＳ上には、不肖・渡瀬裕哉もいます。一緒に手を取り合って前進していきましょう。政治に関する物事は簡単には進まないですが、あきらめない限りは確実に前に進むことができます。すべての増税や規制強化に反対し続ける頑固な人が増えることで、必ず勝利を掴み取る道が開けます。

　自分が話したことに微修正を加えながら、原稿として仕上げていく作業は不思議な気分でした。そして、過去に書いてきたような米国政治に関するお堅い論調の本ではなく、このような読みやすい本が仕上がったことは、率直に言って著者として嬉しいかぎりです。

　また、規制改革を本丸と位置づける菅義偉《すがよしひで》政権が誕生したこの時に本書を上梓できたことは、自分なりに運命を感じています。

新しいチャレンジを支えてくださった憲政史家の倉山満先生、倉山工房の徳岡知和子さん、そして光文社の小松現さんに感謝して筆を擱きます。

2020年9月

渡瀬裕哉

企画・編集協力　倉山工房

渡瀬裕哉（わたせゆうや）

1981年東京都生まれ。国際政治アナリスト、早稲田大学招聘研究員。早稲田大学大学院公共経営研究科修了。機関投資家・ヘッジファンド等のプロフェッショナルな投資家向けの米国政治の講師として活躍。創業メンバーとして立ち上げたIT企業が一部上場企業にM＆Aされてグループ会社取締役として従事。著書に『メディアが絶対に知らない2020年の米国と日本』（PHP新書）、『なぜ、成熟した民主主義は分断を生み出すのか―アメリカから世界に拡散する格差と分断の構図』（すばる舎）などがある。

税金《ぜいきん》下《さ》げろ、規制《きせい》をなくせ

日本《にほん》経済《けいざい》復活《ふっかつ》の処方箋《しょほうせん》

2020年10月30日初版1刷発行
2022年9月10日　　3刷発行

著　者 —— 渡瀬裕哉
発行者 —— 三宅貴久
装　幀 —— アラン・チャン
印刷所 —— 萩原印刷
製本所 —— 国宝社
発行所 —— 株式会社光文社
東京都文京区音羽1-16-6（〒112-8011）
https://www.kobunsha.com/
電　話 —— 編集部03（5395）8289　書籍販売部03（5395）8116
業務部03（5395）8125
メール —— sinsyo@kobunsha.com

落丁本・乱丁本は業務部へご連絡くだされば、お取替えいたします。
 ISBN 978-4-334-04503-6

光文社新書

1092
丁寧に考える新型コロナ
岩田健太郎

長期戦が予想される新型コロナ対応。あらゆる項目について「分かったつもり」でなく「本当に分かる」までじっくり解説する。巻末特別対談「西浦博先生に丁寧に聞く」も収録！

978-4-334-04499-2

1093
失敗しない　定年延長
「残念なシニア」をつくらないために
石黒太郎

日本企業に跋扈する「残念なシニア」を放置すると、日本経済が崩壊に向かう——!?　気鋭の人事コンサルタントが、会社もシニア自身も活性化させる「正しい定年延長」を提言する。

978-4-334-04500-5

1094
新型コロナはアートをどう変えるか
宮津大輔

世界のアート市場は、新型コロナウイルスの蔓延によってその姿を一変させた。アートはこれからどう変化するのか——。歴史・社会・経済を通して、アート市場の未来を大胆に予測。

978-4-334-04501-2

1095
室温を2度上げると健康寿命は4歳のびる
笹井恵里子

寒い家に住んでいると早死にする!?　最新の研究結果を元に頻尿、不眠、寝つきの悪さ、高血圧、アレルギーなどを「住環境」で改善させるアイデアを提案する日本人必読の一冊。

978-4-334-04502-9

1096
税金下げろ、規制をなくせ
日本経済復活の処方箋
渡瀬裕哉

日本が不況から脱出できないのは「税金と規制」の問題だ。この国では「増税はやむなし」なのか？　日本が打つべき手とは？　俊英の政治アナリストが、私たちに刷り込まれた洗脳を解く！

978-4-334-04503-6